遺失在西方的中國史

法國《小日報》等記錄的晚清一八九一—一九一一

李紅利 趙麗莎 編譯
廖彥博導讀

導讀

大清帝國的最後一幕：法國《小日報》裡的中國史

廖彥博（歷史作家）*

法國《小日報》（*Le Petit Journal*）於一八六三年二月一日創刊，創辦人是來自波爾多（Bordeaux）的銀行家莫伊茲．波利多赫．米約（Moïse Polydore Millaud）。這份報紙在創刊之初，刻意避免國內黨派政治的新聞報導，聚焦有人情味的小故事、浪漫小說連載等軟性主題。到了一八八四年，又增加每周副刊，在首尾頁或內頁裡安插當時最新的彩色石印版畫。這些版畫的內容，大部分是國內外發生的重大新聞事件。在那個攝影才剛起步的年代，《小日報》的插圖風格以寫實傳真為主，偶爾也有風格誇張的諷刺漫畫，這種以彩色圖片報導重大新聞場景的手法，很受到讀者歡迎。《小日報》因此成為世界上第一份每日銷售量破一百萬份的報紙。

這本《遺失在西方的中國史》，收集了一百多幅《小日報》關於當時中國重要新聞的插圖，時間是由一八九一年（清光緒十七年）到一九一一年（宣統三年）。這二十年正是近代中國一個風雲變幻、局勢激盪的時代，所謂「百年銳於千載」之時，重大歷史轉折接連出現：一八九四年的中日甲午戰爭、一八九八年戊戌變法和隨後的政變、一九〇〇年八國聯軍之役、一九〇四年日俄戰爭，有些事件牽涉極深極廣，甚至到了今天，在台灣的我們，仍然受到影響。

在沒有新聞照片的年代，這些插圖就代表了法國人眼中的中國（或者是法國人在意的中國），等於是一部紙上新聞記錄片。今天我們身處網路時代，常把「有圖有真相」掛在嘴上。然而，圖片真的就代表真相嗎？有了一百多年的時光縱深，二十一世紀的我們可以從兩個角度來細談《小日報》的插圖：先從當時法國視角來觀看大清帝國的最後一幕，以及西方觀點詮釋下的中國史。

為了能夠掌握這些圖畫的歷史背景，我們必須先從法國人在中國現身開始講起，那是一八四〇年代，距離本書第一張《小日報》的圖畫半個世紀以前。

蝴蝶效應

在二十世紀中葉以前，對於中國近代史，很多西方中國歷史學者都有下列這樣的看法：在歐洲列強挾船堅砲利的軍事實力向中國叩關以前，這個古老的國度幾乎像是一座萬年不溶的巨大冰山，常年冰封，變化極其有限。而使中國發生改變的時間點，就是一八四二年結束的鴉片戰爭，以及《中英南京條約》。

一九七九年，美國氣象學家艾德華．洛倫茲（Edward Lorenz）提出一個叫做「蝴蝶效應」的理論（又名混沌理論）：一個微小的事件或偏差，會引發種種連鎖反應，最後像滾雪球般，形成影響整個體系的變化。他舉的例子是：一隻蝴蝶在巴西輕拍翅膀，許多蝴蝶跟著拍動翅膀，最後，成千上萬隻蝴蝶振翅，產生的巨風，可以在幾個月後的美國德州，掀起一場龍捲風。

如果我們將這個概念套用在中國史上，那麼不平等條約的簽訂，就是正式宣告來自西方的衝擊影響；藉由鴉片戰爭，歐美各國撞開了大清這扇古老的大門，洋人帶著船堅砲利和各種特權的威勢，堂而皇之的出現在市井小民的面前。

道光二十二年七月二十四日，也就是西元一八四二年八月二十九日，在停泊於南京下關的英國兵艦上，清廷議和欽差耆英與璞鼎查共同簽署了《中英南京條約》。讀者們或者已經知道，這就是近代中國歷史上第一個不平等條約。而《南京條約》的重要性，更在於它開啟了接下來所有對外條約的基本模式。

《中英南京條約》與一年之後簽訂的附約《中英五口通商章程》（又稱「虎門條約」），包含了日後不平等條約出現的各種內容，如割讓土地（將香港讓給英國治理）、金錢賠償（賠償英國損失白銀四百萬兩）、開放通商口岸（開放廣州、福州、廈門、寧波、上海，供外國商人通商、居住）等。《五口通商章程》裡還附有一條「片面最惠國」條款，規定如果日後中國與其他國家簽訂新條約，開放新利權，英國可以透過這項條款比照辦理，享有同等權益（若有新恩施及他國，英人得一體均霑）。這項具有「自動更新」功能的厲害條款，壽命比大清還要久，直到民國三十二年（一九四三），也就是條約簽訂一個世紀後，才正式廢除。

大清與英國簽訂條約，西洋各國紛紛跟進。兩年之內，朝廷又和法國簽訂《中法黃埔條約》、和美國簽訂《中美望廈條約》。不用說，條約內容不但和《南京條約》大致相同，還在英國人的條約基礎上添加更多細緻的規定，同樣也附有「以後請比照辦理」的「片面最惠國待遇」條款。

從此之後，中國社會內部的變動暗潮和來自西方的影響糾結在一起，再也無法清楚分辨。來自西方的影響，首先就是基督教傳教士大舉來到中國，進入內陸傳教，他們的身影與所傳的教義，不但間接引起造成近二十年動亂的太平天國運動，更直接引發許多教案。

西洋教案

英國與法國曾共組兩次英法聯軍，但是英法兩國在遠東關注的焦點各自不同。英國比較重視帝國商業利益的擴展，而法國在擴張勢力之外，還以基督宗教在中國的保護者自命。所以在我們看到的《小日報》新聞報導繪圖當中，法國傳教士和中國籍教民被在地民眾打殺的主題——也就是所謂的「教案」——也占有相當比例。

鴉片戰爭以後，洋傳教士的身影，就逐漸出現在農民的日常生活之中。鄉民們不知道什麼是「治外法權」，外人為何能不受官府管轄，他們只見到洋傳教士來到地方，指地劃界，修建「洋廟」（教堂），每次發生產權地界的衝突，洋教士不論得理與否，總是立場強硬不饒人，知縣也要讓他們三分。皈依天主教、基督新教、東正教的中國民眾稱為「教民」。他們當中大部分善良正直、信仰虔誠，但也有不肖地痞流氓（甚至是罪犯），混進教會，仗著官府不能抓捕洋人，也不敢搜查洋人產業，而耀武揚威，或者從中牟利。民眾與這類不肖教民之間的磨擦衝突，甚至人命案件，統稱作「教案」。

一八五〇到八〇年代，太平天國運動使得長江流域成為高死亡率的動亂地區。而華北雖然也遭遇了捻亂，破壞程度卻相對比江南來得輕微，因此經過三十年的時間，人口的成長在十九、二十世紀之交，又超出土地、糧食所能負荷的範圍。這些農村裡的經濟、生活問題，往往被怪罪到洋人的頭上。（見本書第四十四—四十五頁）

我在拙作《一本就懂中國史》裡，就嘗試以較為庶民的口氣，模擬晚清華北農村社會的反洋情緒：

> 農村裡言之鑿鑿的傳說：洋教士、修女們一定是挖孩童的眼睛來製藥，如果不是這樣，為什麼修女要到處收容孤兒棄嬰呢？村裡的王二嘎子平時不務正業，整天鬼鬼祟祟在洋教堂附近出沒，某天誘拐良家婦女被官府拿了，洋教士卻氣勢洶洶的到衙門索人，說王二嘎子已經悔改受洗，是「新的人」，所謂誘拐民女，乃是傳諭救世福音云云。氣人的是，縣太爺還真就放人了！這些洋人帶來的「洋玩意兒」：火柴、電線桿、鐵路、機器紡製的紗布——不但讓鄉裡的婦女失去手工紡紗、補貼家用的生計，更嚴重破壞了村裡的風水。他們不是人，是洋鬼子，不然，咱們的眸子是墨色的，他們的眼珠子為什麼卻都綠幽幽的泛著青光？有他們在，俺山東遭災是遲早的事情，人煙全滅也難保不會發生。

清朝地方官員處理教案，往往兩面為難：假使「秉公處理」教民，洋人就將軍艦開來外海示威；單單嚴懲攻擊教民的民眾，又難以平息激憤的人心。發生在一八七〇年的「天津教案」，就是這種情況的典型例子。

《中法天津條約》簽訂後，法國傳教士得以在內地建立教堂、育幼院，並享有治外法權。雖然傳教士和修女的動機良善，但地方上有不肖之徒，冀圖獲利，所以犯下誘拐兒童，然後販賣給育幼院的罪行。同治九年（一八七〇），瘟疫襲擊天津一帶，地方上傳言洋人綁架、收容幼童進育幼院，目的是要將他們殺害製藥。六月二十日，民眾將一名據稱綁架幼兒的罪犯扭送官府；經天津縣令訊問後，他供出望海樓天主堂洋人與一名教民也共同涉案。消息一出，群情激憤，仕紳紛紛出面，要求縣衙強硬搜索天主堂。

隔天，在沒有明確證據的情形下，天津知縣帶著嫌犯，要求進入天主堂內搜查。修會人員以教堂係法國財產為由拒絕放行。幾千憤怒群眾包圍天主堂，並且砸毀建築、毆打教堂執事人員。法國駐天津領事豐大業（Henry Fontanier）得知後，向北洋通商大臣崇厚咆哮，要求清廷立刻派兵鎮壓暴民，崇厚沒有答應。豐大業趕往教堂途中，和天津知縣發生爭執，憤而拔配槍射擊，打中天津知縣隨從，旁觀者群情大憤，將豐大業與其祕書當場打成肉醬（一說是遭到肢解），並燒殺天主堂，十餘名法籍修女遭到姦殺，另有兩名法籍修士、七位公民、三十餘名中國籍教民遇害。

六月二十四日，法國軍艦來到天津外海，法國公使到京師總署遞交外交抗議書，要求處死中方負責官員。朝廷將此案交給直隸總督曾國藩全權處理。曾經過調查，認為天主堂並無誘拐孩童、殺害製藥之事，於是與法方協議：中方將天津知府、知縣革職發配黑龍江，殺害法籍公民的十八名人犯處死，賠償四十六萬兩白銀，並派崇厚到法國謝罪。法國這時候因為即將與普魯士開戰（即普法戰爭），無力顧到遠東，因此同意此和解條件。

我們看到《小日報》在一八九〇年份的相關新聞繪圖，例如「中國的大屠殺（火刑）」（見本書第四十一頁）、「中國的大屠殺（酷刑）」（見本書第四十三頁）、「中國對基督徒的新一輪屠殺」（見本書第四十七頁）、「一名法國海關檢查員被中國人謀殺」（見本書第五十三頁）、「中國本土宗教信徒毆殺法國傳教士蘇安寧及兩名教徒於永安州」（見本書第六十九頁）、以及「中國事件：滿洲奉天教堂慘案」（見本書第一〇九頁）等，都是在描述法國傳教士遭到「野蠻中國人」殘殺的場景。這些教案確實發生，但是實際情形是否真像《小日報》繪者筆下呈現，只是洋人與教民單方面被屠戮？而當時的《小日報》藉著這些圖片，想對法國讀者們傳達什麼樣的意思？是否為下一次出兵中國的正當性預先鋪路？都是今天的讀者可以細細思考的。

回頭來說「天津教案」的結局。如此處理結果，與清朝官民的預期落差實在太大。當時奉命處理此一教案的直隸總督曾國藩，因而被輿論指責是「賣國賊」，遭朝野痛罵。曾國藩為此心力交瘁，朝廷只好將他調離直隸，回任兩江總督。接任直隸總督者，正是奉命率淮軍保衛京師的李鴻章。李接手處理教案，他一面以「痞子腔」（李的自稱）和法國人打交道，另一面又將殺人兇嫌中情節較輕者判緩刑，於是在兩面敷衍的情形下暫時平息天津教案風波。這就是在《小日報》當中專圖露臉的李鴻章。

最後的「中興名臣」李鴻章

李鴻章（一八二三至一九〇一）是一八九〇年代碩果僅存的「中興名臣」。李是安徽合肥人，父親李文安和前面提到的曾國藩是同年進士，所以將兒子託給老同學教導。曾氏補習班果然名不虛傳，讓學生李鴻章二十四歲就金榜題名點翰林（李文安直到三十七歲時才高中）。李鴻章後來到曾國藩的幕府裡擔任助理（襄贊營務），但他作息不正常，老是遲到早退，又愛亂發牢騷，雖然曾老師時常採用李徒弟的奏稿，卻也不時對這個徒弟嘮叨碎念；所以在李鴻章的心底，渴望有自立門戶、一展抱負的機會。

這個機會在咸豐十年（一八六〇）來臨了。當時太平軍威脅上海，祕密會黨小刀會也蠢蠢欲動，湘軍則備多力分，兵力不足，曾國藩於是差遣李鴻章回故鄉安徽去辦理團練。李鴻章仿效老師曾國藩的辦法，透過各種人脈關係，在安徽募集了十三個營的兵力，同樣後勤、糧餉都自成系統；按照湘軍取名的前例，稱作「淮軍」。隔年，這支新成軍的部隊在安慶登船，非常「時髦」的由英國蒸汽郵輪運輸到上海。淮軍接著在上海獲得新式洋槍火炮，並且與美國軍官華爾（Frederick Townsend Ward）招募的洋人僱傭武裝「常勝軍」並肩作戰。常勝軍沒打過幾場勝仗，但是火力強化後的淮軍則以火海壓制人海，以三千兵力擊退十萬太平軍的猛撲。淮軍日後擴充到七萬人（全部配備洋槍），並且成為平定華北「捻亂」的主力，許多晚清名將，比方首任台灣巡撫劉銘傳，就是淮軍系統出身。

守住上海華界是李鴻章事業的起點，他也因為掌握了上海，將清末督撫專權的趨勢往前更推進了一步。上海的重要性，在於此地設有海關稅務司。這個關稅司是不平等條約「協定關稅」條款的產物，由於關稅對當時被迫開關通商的清朝來說，還是個聞所未聞的東西，也不知道該怎麼辦理，因此乾脆聘請英國人赫德（Robert Hart）出任總稅務司。雖然上海關稅司的來歷並不怎麼光彩，但是赫德操守清廉，辦事盡責，上繳朝廷的帳目與金額清楚實在，不像傳統賦稅那樣模糊克扣，為清朝提供了一筆穩定可靠的財政收入（每年約一千萬兩白銀）。李鴻章因戰功逐漸高升，在官居江蘇巡撫的時候，透過各項關係，將自己的人馬擺在道台衙門的位置上。後來他又以軍情所需為由請准朝廷，將上海關稅大部分撥發給他所興辦的各項「洋務」事業。

本書開始的一八九一年，或許可以說是李鴻章一生事業的危機年份。李鴻章慘澹經營十多年、世界排名第八的北洋水師，從這年起，再沒有添購新的船艦與火砲。到了一八九四年，朝廷不顧李鴻章的建議，執意要北洋艦隊出戰，果然在黃海海戰中失利，後來更全軍覆沒。甲午戰敗，李鴻章受命到日本談判，力爭不成（還遇刺重傷），無奈形勢比人強，他簽下《馬關條約》，割讓台灣、遼東半島、賠款四萬萬白銀。李鴻章一生戎馬爭得的資本和名聲，全部掃地以盡。

關於甲午戰爭，《小日報》裡有幾則插畫：如引發中日開戰的「**朝鮮事件：漢城（首爾）騷亂**」（見本書第四十九頁）、轉載的「**一幅日本畫：日軍奪取清軍旗幟**」（見本書第五十四頁）描述陸戰場景，以及「**朝鮮事件：一艘清方運兵船遭到日艦擊沉**」（見本書第五十一頁）述說的則是「高陞號事件」：充作清朝運兵船的英國籍輪船「高陞」號被日本巡洋艦「浪速」號偷襲擊沉。這艘運兵船上的八百名清軍士兵，拒絕逃生，大多殉國。

甲午戰敗後李鴻章失勢下野，儘管如此，《小日報》認為被派遣訪問歐洲各國的李中堂大人，仍然是中國的傑出人物，如「**法國的賓客們：清朝傑出使臣李鴻章總督**」（見本書第六十三頁）一圖，很傳神的描繪出李鴻章當時的模樣，沒有誇大或醜化；又像當時美國漫畫家筆下的「**李（鴻章）**」（見本書第六十五頁），身穿黃馬褂，配帶勳章的李鴻章，面容溫煦，態度和藹，卻仍然傳達出一種久居高位、不怒而威的氣場。

李鴻章在《小日報》裡還有兩次登場的機會，那是在一九〇〇年八國聯軍之役後，由兩廣總督任上改授直隸總督，奉命到北京，代表大清與各國談判停戰，即「**中國事件：李鴻章與隨行的俄日部隊**」（見本書第一三五頁）。這是七十八歲的李鴻章最後的外交演出，也是最艱難的一次。「**直隸總督李鴻章**」（見本書第一一五頁）：戴著瓜皮帽的李鴻章，垂垂老矣，目光昏眊，而且手無寸鐵，面對著列強的克魯伯、馬克沁大砲，儼然無計可施。

李鴻章拼著老命、頂著罵名，奉旨北上，為的就是替他仕途上長年的政治靠山慈禧盡最後一份心力——將這位聖母皇太后從「懲辦名單」上移去。而慈禧太后也是晚清人物裡，最受歪曲抹黑的人物。

慈禧太后

先讓我們來看幾張慈禧太后的肖像畫，它們的背後各有故事。

這是一九〇〇年七月八日星期日出刊的《小日報》第五百零三號副刊，標題是「**西太后：中國的皇太后**」（見本書第八十九頁）。當時，正是清軍會同義和拳民包圍北京東交民巷使館區，晝夜不停攻打的時候。在這幅肖像畫裡的慈禧，儀態端嚴，眼睛大而有神，面容安詳平靜。我們再比較另一幅美國畫師筆下的「**史蒂芬·里德（Stephen Reid）繪太后像**」（見本書第一六三頁），這兩張畫裡的慈禧面容幾乎沒有差異。

過了不到一星期，在七月十四日星期六出刊的《小日報》副刊〈笑報〉（*Le Rire*），刊出一幅政治漫畫「**清朝太后殿下**」（見本書第九十一頁），慈禧身穿清朝親王袍服，花翎頂戴，右手持扇，拇指指甲尖長彎勾，左手則握著一柄匕首。她留著類似日本武士的髮式（**漫畫作者對東方髮式的籠統誤解？**），眼光低垂，嘴角下抿，神情陰狠。畫的左側有一串被五花大綁的裸體死屍，像串燒烤肉那樣矗立。

《小日報》副刊的慈禧像，表達出當時該報以彩色圖畫代替新聞照片的精神，也就是忠實呈現人事物的樣貌。因為這樣，即使是在法國與大清即將交戰的前夕，慈禧仍然可以透過這幅肖像，傳達出一種威嚴。〈笑報〉裡的慈禧，顯然就帶有批判嘲諷的歪曲，還加上當時歐洲人對於東方「殘暴野蠻不講理」的想像。一手持扇，彷彿帝國的繁文縟節；而左手藏刀，則儼然殺機湧現，暴虐兇狠，慘無人道。

慈禧太后這種「愚昧殘暴」的老妖婆形象，從她還在世時就已經開始流傳。一直到今天，只要讀過中國歷史，我們腦海裡，往往也有「愚昧保守又殘忍的慈禧，鎮壓了想要改革大清的光緒皇帝，難怪滿清要滅亡」的印象。這種形象，很大程度上，源頭起自戊戌變法失敗後逃往海外的康有為、梁啟超師徒。他們倆筆鋒銳利（尤其是梁啟超），又是參加變法維新的當事人，許多說法都被人們採信，打算推翻滿清的革命黨人當然樂於採用這樣的說法。

清末最後半世紀的政治史，其實就是慈禧的執政史。無論皇帝是誰，她都是實質上的元首。這一點，連《小日報》也看得出來。請讀者看「**1900年的展覽：中國樓宇**」（見本書第一四七頁）這幅圖的右上角：這是一九〇〇年世界博覽會中國館的宣傳畫，中國的元首可不是光緒皇帝，而是慈禧這位「聖母皇太后」！歷史上的慈禧當然不是什麼英明偉大的領袖，但是她同樣也不是愚昧頑固、殘暴野蠻的老妖婆。

在咸豐皇帝駕崩以後，當年二十六歲的慈禧太后聯合咸豐之弟恭親王奕訢發動政變，她取消咸豐安排的排外執政團，改採革新開放的新政；在英法聯軍（外患）、太平天國（內亂）之下收拾局面，竟然還能夠使大清的國運從滅亡的邊緣「超展開」，再延祚五十年，這不是等閒人物可以辦到的成就。

我們向來認為戊戌政變是守舊的慈禧太后打擊志在維新的光緒皇帝，新的研究趨勢提供了觀察歷史真相的新角度。因為篇幅所限，在這裡我們只能舉一個例子。在百日維新過程之中，英國駐華公使竇納樂（Claude MacDonald）和來自威爾斯的浸信會傳教士李提摩太（Timothy Richard, 1845-1919）兩人的角色值得注意：他們煽動維新派人士提出的「合邦」論，或許正是慈禧毅然發動政變、保住大清國家主權的原因。

當時慈禧得知，竇、李二人向康有為等建議，合清、美、英、日為「一邦」：各部尚書由洋人出任，「兵政稅則外交」統一辦理，並讓退職的日本前首相伊藤博文出任軍機大臣；她更是覺得事態嚴重：這群維新黨人頭腦不清，改制改到想把朝廷外交、財政、軍事全拱手讓人了！

光緒二十四年八月初五（一八九八年九月二十日），也就是慈禧發動政變的前一天，後來殉難的「戊戌六君子」之一、維新黨人都察院山東道御史楊深秀（1849-1898）上奏：

> 昨又聞英國牧師李提摩太，新從上海來京，為吾華遍籌勝算，亦云今日危局，非聯合英、美、日本，別無圖存之策。……況值日本伊藤博文遊歷在都，其人曾為東瀛名相，必深願聯結吾華，共求自保者也。……臣尤伏願我皇上早定大計，固結英、美、日本三國，勿嫌合邦之名之不美，誠天下蒼生之福矣。

甚至在政變的當日，另一位維新派御史宋伯魯（1854-1932）還上摺：

> 渠（李提摩太）之來也，擬聯合中國、日本、美國及英國為合邦，共選通達時務、曉暢

各國掌故者百人，專理四國兵政稅則及一切外交等事……以資禦侮。

於是，慈禧斷然先發制人，先行逮捕維新黨人，並且軟禁光緒皇帝。也許，歷史的真相，是老謀深算的皇太后，阻止了幼稚的皇帝與群臣將主權出讓給日本、英國的「合邦」陰謀。

因為不清楚竇、李二人，還有準備來中國出任軍機大臣的伊藤博文背後，是否代表英、日兩國政府的意向，慈禧在發動政變之後，並沒有公布「合邦」這項罪名。但是對於西方的怨憎，終於影響了慈禧，讓她做出支持義和團「滅洋」的錯誤決定。歐洲各國與日本謀「合邦」侵吞大清不成，於是更加快了它們「瓜分」中國的腳步。

列強瓜分

甲午戰敗之後，大清版圖等於成了列強盤中任人宰割的魚肉。原先日本談判《馬關條約》時，要求清廷割讓台灣、遼東半島，後者因為俄、德、法三國出面干涉，而得以保住。德國正是因為參加三國干涉日本奪取遼東半島，在一八九五年十月得到了漢口、天津兩處租界，但並不滿意。德皇威廉二世（Wilhelm II von Deutschland）一直想在中國獲得一個海軍基地，一八九七年十一月，兩名德籍傳教士在山東鉅野遭匪徒殺害（曹州教案），德國就以此為藉口，派兵占領膠州灣。而英、俄等國竟然表示「支持」。一八九八年三月，德國與總署大臣翁同龢等簽訂《中德膠州灣租借條約》，規定膠州灣週圍一百里內煤礦由德國開採，大清如欲辦理各項事業，以德國為優先國。

德國占領膠州灣是「瓜分」浪潮的第一槍；接下來，各國紛紛要求劃定勢力範圍，例如英國以長江中下游為勢力範圍，在此區域內，興辦一切利權，必須以英國為最優先考慮國；法國是雲南、廣西，日本以奪得台灣的地利之便，宣稱福建是它的勢力；當然，之前想奪取而沒能到手的奉天（遼東半島）也是其勢力範圍；俄國則將手掌伸向新疆、蒙古、東北。一時之間，列強已經在大清的國土上到處卡位，只剩青海、甘肅、陝西、山西還沒有外人在此劃界。

此時的美國剛與西班牙打完爭奪菲律賓殖民地的美西戰爭，等收拾好了西班牙，卻發現在中國利權的角逐上，已經是晚來了一步。英國雖然占有長江中下游，但眼見瓜分狂潮，從前在中國利益可是大江南北都有，現在卻擔心利權被壓縮。英美兩國就此採取同一立場。正好美國新任國務卿海約翰（John Hay）原來是駐英大使，在英方鼓動下，在一八九八年十二月提出「門戶開放」政策，意思是列強可以儘管在中國作生意，原來租界也可維持現狀，但是清朝的主權必須維持完整，關稅必須由中方徵收。到了一九〇〇年三月，美方宣稱已經照會各國，都獲得同意，「門戶開放」就此確立。

這就是「在中國：國王和……皇帝們的蛋糕」（見本書第六十七頁）與「在中國：法蘭西與俄羅斯——別太心急！我們還在這兒呢」（見本書第一九一頁）的時空背景。前一幅漫畫裡，化身為李鴻章模樣的中國，面對西洋列強瓜分浪潮，氣急敗壞，卻無力制止；後一幅漫畫裡，中國更淪為一只精緻的瓷盤（china），任人擺布爭奪。

八國聯軍

八國聯軍打進北京，起因於義和團拳民造亂，而拳民攻擊在大清的西洋人，其實是長期以來列強傳教士和本地民眾間所引發「教案」的延續和總爆發（「義和團在奉天屠殺清朝基督教徒」（見本書第一一一頁）。義和拳起源於北方民間地下信仰，自稱神功護體，不懼洋人槍彈。這些祕密結社，無論何朝何代，向來站在朝廷的對立面，如今竟然因為排外的緣故，破天荒支持政府，打出「扶清滅洋」的旗號，引來慈禧太后的高度重視。她之所以重視義和團，正是為了想要延續大清的統治正當性，在當時，又被稱為「天命」。

大清的天命，在歷經了一連串對外戰爭失敗、簽下屈辱條約以後，早已經千瘡百孔；之前光緒君臣想要變法維新，所「維新」的，正是大清立國所繫的天命，不幸卻也失敗了。現在，透過若干排外親貴與大臣的稟報，慈禧驚訝的發現，義和團拳民想要「扶清滅洋」，原來民心仍站在朝廷這一邊！這實在是太重要了，儘管慈禧在政海裡飽經波濤沉浮，大風大浪全都見過；儘管她對「神功護體」這套說法不抱信心，這次她卻無法抗拒「民氣可用」的強大誘惑。沒錯，洋槍洋砲確實厲害，所謂「神功」念咒，符水發功，也未必真能刀槍不入；但是，如果數十萬拳民都願意為朝廷而戰，那為什麼還要向洋人低頭？

一九〇〇年六月，大批拳民湧入直隸，在官府睜隻眼閉隻眼的暗縱下，開始殺害教民和傳教士、破壞電桿、鐵軌以及教堂。（「**中國事件：滿洲奉天教堂慘案**」（見本書第一〇九頁）各國擔心，拳民的下一個攻擊目標，就是位在北京東交民巷的使館區，於是先行派出四百餘名海軍陸戰隊與水兵，在六月初搭火車抵達北京。英國海軍中將西摩爾（Edward Seymour）從天津率領兩千士兵（其中包括以華人組成的威海衛兵團）增援，但是沿途被拳民堵截，只能退回。

六月十一日，日本使館書記杉山彬遭到殺害，二十日，德國駐華公使克林德（Clemens Freiherr von Ketteler）被清軍神機營軍官開槍擊斃（「**中國事件：德國公使克林德男爵被殺**」（見本書第九十九頁）；十六日，清廷召開議政王大臣會議，六天前就任總署大臣的端王載漪（「**清朝端王爺的畫像**」（見本書第一三七頁），在會上支持義和團的排外做法，壓制反對意見；隔天，端王偽造了一份列強的強硬照會，要求慈禧歸政光緒皇帝。這份假照會終於成功的促使一生支持洋務改革的慈禧，在六月二十一日做出畢生中最為愚昧的決定：向列強宣戰。

二十萬義和團拳民被編為官軍，和正規軍一道攻打使館區。各國使館對外聯絡斷絕，使館區裡有三千多人，其中有兩千多人是進來避難的中國人；使館區守軍大約才四百五十餘人，有三挺機關槍和四門火砲。但僅憑這點兵力，便能抵抗拳民數萬烏合之眾的進攻。（「**在北京：被中國軍隊圍困的外國使團**」（見本書第一〇一頁）原來，清軍的正規軍並沒有盡全力作戰，甚至還向使館區遞送蔬菜飲水。

六月底、七月初，由俄、德、法、美、日、奧（匈）、義、英八國約三萬多名士兵組成的聯軍，分成兩批攻向京師。沿途防備的清軍加上拳民，共有十五萬人；但是清軍既要抵抗聯軍猛烈的砲火，還要分神防備拳民亂扯後腿。分成幾千個小單位的義和拳民，現在已經淪為完全失去控制的暴徒，燒殺搶掠民宅，甚至偷襲清軍。七月九日，義和團與聯軍夾攻守備天津的武衛前軍聶士成部。武衛軍腹背受敵，聶士成中砲陣亡。十三日，天津被聯軍攻陷。八月十日，清軍在京師外圍的通州與聯軍決戰，大敗，統兵官李秉衡自殺（「八國聯軍向北京進軍」（見本書第一二一頁）。聯軍直驅北京，十四日上午十一時許，美軍第九步兵團將星條國旗插上北京外城的城牆（「北京失陷：八國聯軍的旗幟在皇宮城門上方飄揚」（見本書第一二五頁）。下午二時，英軍（印度錫克族兵團）由廣渠門攻入北京，救出受困使團（「中國事件：被解放的使團」（見本書第一二七頁）。四十年過去了，慈禧竟然步上她先夫咸豐的後塵，帶著光緒和若干親貴大臣倉皇出奔。「八國聯軍占領北京」（見本書第一六〇頁）

聯軍攻下北京之後繼續增兵，出兵攻打山海關、保定等地。英法聯軍攻占北京，為時十三天；這次八國聯軍占領京城，則長達十三個月；期間，聯軍採取報復性的燒殺搶擄，紫禁城內也大火沖天（「在中國：皇宮大火」（見本書第一七七頁）「中國事件：太后寢宮失火——馬爾尚上校指揮救援」（見本書第一七五頁）。各國軍隊裡，俄、法、德三國最為殘暴：占領區內，寶物一車車運往天津港埠，女子一個個被姦淫，男丁則慘遭虐殺；若干傳教士甚至鼓吹「以（中國）人頭換（被殺害的西方）人頭」，暴虐缺德的程度，和他們要懲罰的義和團並沒有差別（「中國事件：掛在牆上的十四顆拳民頭顱」（見本書第一四一頁）。

此外，《小日報》還著重報導法軍的表現。從軍隊編組完畢，在港口登船「軍隊萬歲：馬賽的部隊啟程前往大清」（見本書第一一九頁）、到達中國，往京師進發，抵達北京近郊的保定（「前往保定府」（見本書第一三九頁）、解救歐洲僑民與基督教徒（「中國事件：被法軍從保定府解救出來的歐洲人」（見本書第一四三頁），最後攻入北京（「聯軍攻入北京後的使館區」（見本書第一二九頁），戰勝中國軍隊（「中國事件：法軍戰勝」（見本書第一六七頁），到了戰事平息後，若干部隊撤回（「中國事件：撤離天津的朱阿夫兵團」（見本書第一七九頁），以及榮軍（戰役中光榮負傷的退役士兵，等於今天台灣所稱的「榮民」）回國後的遊行等（「榮軍院的馬達加斯加與中國派遣軍團軍旗」（見本書第一八一頁），相當詳盡。《小日報》裡其他國家士兵的形象，就沒有法軍那樣正面，聯軍既到處燒殺，內部也軍紀不肅，彼此喋血火併，像「在天津：德軍與英軍印度錫克兵衝突」（見本書第一八三頁），就是一個例子。

十九世紀是一個由帝國主義到民族主義的世紀，「想像的共同體」在建構「我們」的同時，也在區隔「他者」。有了「他者」（中國）的落後野蠻，才能突顯出「我們」（法國）的文明進步，出兵中國，才會是一場正義之戰。兩幅事件之後聯軍監督清廷處斬肇事禍首的圖畫（「中國事件：保定府的處決」（見本書第一七二頁）與「中國的新一輪處決」（見本書第一七三頁），就能顯示出這層意涵。

而兩幅法國教科書裡的清軍面貌（「1901年法國教科書中的大清軍官」（見本書第一八四頁）和「1901年法國教科書中的義和團士兵」（見本書第一八五頁），對法國讀者來說，自有一種獵奇新鮮之感，但是看在我們眼裡，清軍正規軍官還停留在十七世紀的穿著與配備，以及義和團民兵那近乎兒戲的虎斑連身裝與盾牌，竟然構成二十世紀初法國的「中國想像」。啟蒙時代諸賢如伏爾泰（Voltaire）等人遙想的東方禮儀之邦，已經一去不復返。

日俄戰爭

《小日報》報導最多、最詳細的一場戰爭，卻是與法國沒有直接關係的日俄戰爭。這場戰爭是因日俄兩國爭奪中國東北利益而起。俄日兩國因為地緣關係，都想要宰制滿洲，彼此因而產生衝突。甲午戰爭時，日本原來就想奪取遼東半島，但是被俄國橫加阻攔，聯合德、法出面，要求日本放棄此要求；八國聯軍之役時，俄國一面派兵加入聯軍攻打北京，一面出兵東北。一九〇〇年六月，十八萬自歐洲抽調而來的俄軍，兵分六路進攻滿洲，十月占領奉天（今瀋陽），東北全部落入俄國之手。

俄國拿下東北，雖然因為東北民眾激烈反抗與列強干預，不得不同意分三期撤兵，但是到了一九〇三年，就拒不執行，還向北京另提條件，討價還價。日本向來對滿洲虎視眈眈，自然認為此舉嚴重侵犯其戰略利益，於是和英國訂立攻守同盟，一致對付俄國。在英、美等國支持之下，日本出面和俄國交涉，要求按照先前約定，從東北撤兵。一九〇三年下半，兩國談判破裂，隔年二月六日，日本向俄國發出最後通牒，並斷絕外交關係。二月八日，日本不宣而戰，偷襲旅順港俄國海軍艦隊（「**旅順港日俄海軍大戰**」（見本書第二一七頁）。隔天，俄國對日本宣戰（「**開砲：旅順港保衛戰**」（見本書第二〇三頁），戰爭就此爆發。

日本陸軍在四月三十日夜、五月一日凌晨強渡鴨綠江，攻擊位於旅順半島的俄軍陣地。俄軍在這裡已經營一段時間，構築了非常堅固的要塞式保壘，日軍強行攻堅，死傷非常慘重。其中，日軍以波段衝鋒強攻俄軍死守的第二〇三高地，雙方肉搏，死戰不退，殺得天昏地暗，屍骸枕籍（「**在旅順口：斯托賽爾將軍照料要塞傷員時在砲彈轟炸中負傷**」，見本書第二二三頁），最是慘烈。日軍司令官乃木希典的兩個兒子，也在此役陣亡。這段故事後來還被日本影界拍成同名電影《二〇三高地》，由影星三船敏郎等人主演。

據守旅順要塞的俄軍，因為彈盡援絕，被迫於一九〇五年一月初投降。二月，二十五萬日軍與三十七萬俄軍在遼陽西北方開始會戰。日軍除了正面猛攻以外（「**奉天附近：日軍向俄軍戰壕發起進攻**」（見本書第二二〇頁），還迂迴兩翼，從側翼包抄俄軍陣地。俄軍在兩翼投入總預備隊，向日軍發起反攻（「**戰役中：《小日報》特派記者在滿洲觀察戰役情況**」（見本書第二一八頁）（「**奉天大戰前夕俄將軍督戰**」（見本書第二三四頁）。但是日軍頂住攻擊，成功切斷哈爾濱與奉天之間的聯絡，造成俄軍敗退（「**奉天大戰俄軍敗退**」（見本書第二三六頁）。三月十日，日軍勝利進入奉天（「在滿洲：日軍元帥大山巖進入奉天」（見本書第二四一頁）。

在此同時，日本已經透過前美國總統老羅斯福（Theodore Roosevelt）向俄國提出停戰交涉。退出奉天的俄軍因為期待由波羅的海趕來的艦隊可以扭轉戰局，仍然繼續作戰。五月二十七日，由波羅的海遠道兼程而來的俄軍艦隊，在對馬海峽猝然遭遇日本聯合艦隊。經過兩天作戰，日軍以非常輕微的損傷（三艘魚雷艇被擊沉）的代價，消滅了三分之二的俄軍戰艦，大獲全勝。對馬海戰的結果震驚歐洲各國，俄國內部開始發生革命；而在獲勝的日本這邊，經過十九個月的作戰，財政無法繼續支持，也願意停戰。雙方於一九〇五年九月在美國的樸資茅斯（Portsmouth）簽訂和約。

日俄兩國交戰，慘受蹂躪的卻是大清的國土與百姓。然而，由於俄國對大清巧取豪奪，態度惡劣，當日本對俄國開戰時，中國朝野有很多人放下甲午戰爭慘敗給日本的羞辱，轉而支持同樣是黃種人的日本對抗俄國。日軍打進東北以後，對於供給俄軍情報的清朝官員進行報復性的殺戮（「日軍在滿洲的殘酷報復：處決被控親俄的清朝官員」（見本書第二四三頁）。而朝廷也以「親俄」為罪名，打殺若干異議人士。《小日報》刊出一幅「中國的新一輪屠殺：慈禧太后向皇帝展示親俄罪臣被砍下的頭顱」（見本書第二〇〇頁）為題的圖畫，畫中的慈禧與光緒皆不像本人面貌，而整個場景野蠻殘忍，獻上犯臣頭顱的兵勇衣著雜亂，毫無秩序儀態可言，顯然不是根據真實場景描繪，而出於圖畫作者的想像。

革命前的晚清之夏

一九一一年的辛亥革命不是「革命黨人推翻腐敗清廷」這樣一條單線旋律，而是多方聲部同時發聲的一首交響史詩。中國帝制的轟然倒塌，是長期政治、社會、經濟的多重作用力共同造成的結果。

《小日報》裡的彩色版畫，呈現出革命前夕帝國的最後一幕。朝廷的控制力已經日薄西山，一九〇八年，光緒與慈禧相繼殯天，三歲的宣統皇帝溥儀繼位，攝政的滿洲親貴無力挽回頹敗的局面。臣工到長壽宮瞻仰遺容的場景陰森落寞，彷彿已為大清奏起一闕輓歌（「清太后和皇帝駕崩：慈禧太后和光緒帝的遺體在長壽宮」（見本書第二六七頁）。城市裡，社會治安愈發敗壞（「在上海：逮捕稱霸一方的匪徒」（見本書第二五四頁），瘟疫襲擊東北（「滿洲大瘟疫」（見本書第二七七頁），華北農村則遭受饑荒侵襲（「中國的饑荒」（見本書第二五六頁），從前來視災的官員腦滿腸肥的顢頇模樣，似乎可以推斷出饑荒不僅是天災，可能也是官府層層侵吞、中飽私囊的人禍。

舊的體制在搖晃崩壞，新的部門則正在萌生。《小日報》刊出題為「中國的第一架飛機」（見本書第二八一頁）的版畫，指的是一九〇九年，廣東人馮如生（1883-1912）在美國自造飛機、試飛成功之事。馮如生在一九一一年二月帶著兩架自行研發的飛機回到中國，一九一二年八月二十五日，馮在廣州燕塘試飛時，因為操縱系統失靈，飛機失速，機毀人亡。馮如生受萊特兄弟（Wilbur and Orville Wright）啟發而自行研造的飛機，可能沒有真正成功地在中國的上空翱翔過。但是這幅版畫裡，左上方的飛機代表著人類最前進的載具，而圖片中間赤足追趕豬隻的孩童、手推車和稍遠的馬匹，則表示舊有的交通工具。在社會條件不具足完備的情形下，最先進的部門往往會受到最落後部門的拖累。馮如生墜機失事，似乎預示了近代中國艱辛的發展道路。

仿效歐美、日本的服裝、訓練、器械的新式軍隊，是另一個近代化的部門（「中國新軍」，見本書第二六九頁），但同時也是想要推翻滿清的革命黨人的溫床。

宣統三年夏，潛伏在新軍裡的革命黨組織，為了響應四川的保路運動，打算在秋天時在武昌起事。日期本來定在八月十五日，但因湖廣總督瑞澂防範嚴密，宣布武漢三鎮（武昌、漢陽、漢口）士兵一律停止休假外出，因此延後到十月九日。但是，九日當天，預謀舉事的共進會領袖，在漢口俄租界租來的民宅裡，不慎引爆炸藥，租界巡捕在滅火時搜得革命黨的名冊與起義文告，於是計謀敗露，總督衙門得到名冊，大肆搜捕黨人，主謀的三人在十日被斬首示眾（「中國革命：在漢口處決燒殺搶掠的革命黨人」（見本書第二八三頁）。

黨人們的計畫看似已經失敗，沒想到因為一場意外，竟然造就了武昌起義與中華民國的誕生。十日晚上，第八鎮工程營正目（班長）熊秉坤在武昌彈藥庫值班，因為細故與查勤的哨長（排長）發生爭執，哨長懷疑熊班長要謀逆，熊一怒之下拔出配槍，將他擊斃，帶領所屬士兵譁變，革命黨人立刻加入。混戰一夜之後，起事的兩千餘士兵竟在天亮時占領了武昌全城，總督瑞澂倉皇逃離。接下來兩天，漢陽、漢口也陸續落入起義的革命黨人手中。黨人成立「中華民國軍政府鄂軍都督府」，找出躲在屬下家裡的協統（旅長）黎元洪（1864-1928），推舉他出任都督。

一九一一年十月二十九日，《小日報》刊出題為「關於中國的革命運動」（見本書第二八五頁）的版畫，左側站著穿戴八旗鎧甲的清軍將領，身後持大清黃龍旗的兵丁，服裝甚至與義和團拳民非常接近；畫面的右側是一群已經剪去長辮的新軍軍官，為首的一人似乎手持一紙電令，在宣告著中華民國的成立。

武昌起義是晚清落幕的最後大場景。《小日報》裡卻毫無孫中山的影跡。我們從前熟知「肇建民國」的國父孫中山先生（孫文），此時人卻在美國，來不及參與革命行動。孫文策畫的革命，在一九一一年四月最後一次倉促起事之後，已經宣告破滅；他領導的革命團體（同盟會）也已經分崩離析，自行其是。那麼，孫文在帝制結束、建立民國這場交響史詩當中，真正的角色是什麼呢？美國的中國史學者羅威廉（William Rowe）認為，一直到革命已是「既成事實」之後，孫才被找回國，被選為臨時大總統，收拾局面，這是因為只有孫文具備「長期革命系譜上的正統性」，在外國也有足夠的聲望，可以防止清廷垮台之際，外國力量的伺機侵略。

《小日報》的彩色版畫到此接近尾聲，而中國現代化的漫漫長路，卻才開始新一段篇章。

＊廖彥博：歷史作家，著有《一本就懂中國史》、《止痛療傷：白崇禧將軍與二二八》（與白先勇合著）、《決勝看八年：抗戰史新視界》等書。

參考書目

一、英文維基百科：《小日報》，頁面網址：https://en.wikipedia.org/wiki/Le_Petit_Journal_(newspaper)，查閱日期：二〇一六年三月一日。

二、魏斐德（Frederic Wakeman, Jr.）著，廖彥博（譯），《大清帝國的衰亡》（台北：時報出版，二〇一一年）。

三、羅威廉（William Rowe）著，李仁淵、張遠（譯），《中國最後的帝國：大清王朝》（台北：台大出版中心，二〇一三年）。

四、廖彥博，《一本就懂中國史》（台中：好讀出版，二〇一三年）。

五、郭延平，吳欲賢（繪圖），《1871年班之甲午海戰》（台北：暖暖書屋，二〇一四年）。

六、雷家聖，〈失落的真相：晚清戊戌變法時期的「合邦」論與戊戌政變的關係〉，《中國史研究》，第六一期（二〇〇九年八月），頁一七七—二一〇。

七、柯文（Paul Cohen）著，杜繼東（譯），《歷史三調：作為事件、經歷和神話的義和團》（北京：社會科學文獻出版社，二〇一四年中譯修訂版）。

序

楊葵*

假如我是個歷史學家，最好還專治中國近代史，會從這套書的史學價值，論述其作為「它山之石」之珍貴。比如近代史專家馬勇就從這類繪畫的內容聯想到，二十多年前中國近代史學界打破「歐洲中心論」、「衝擊—反應」、「傳統—現代」模式，開始從中國自身尋找歷史發展的因素。

假如我是個藝術家，最好還專攻當代版畫，會從這套書的繪畫藝術著手，論述其獨特的藝術、社會價值。比如藝術家陳丹青就將這一時期歐洲的石印畫、銅版畫與今日的影像媒體相提並論，稱之為「傳播利器」。他說與新聞結合的版畫，是社會公眾瞭解時事的重要途徑，對後來的市民社會的形成居功至偉。

假如我是個社會人類學家，最好還有點相關收藏愛好，會從這些繪畫中梳理出中國人精神面貌的有趣演變。比如台灣有個致力於收藏此類圖畫的秦風，他發現這類繪畫中的中國人，一八六〇年前「安詳」，一九〇〇年後「粗笨」……

可我只是個出版行業的普通從業者，只能從書籍的出版印刷角度，說點自己的感想。

這些圖畫的原產地是法國。在歐洲，直至十五世紀中期，由於紙張的傳入，才出現了印刷書籍。當時書籍的紙張多為麻草、粗布等植物原料製成，這些紙張格外耐保存，用這類紙張印成的書籍，即便幾世紀過後再看，還像剛印出來的一樣紙張潔淨。可是從十九世紀中葉開始，人們開始改用木材製造紙張，據説這些紙張的壽命不會超過七十年，幾十年後，絕大多數書頁泛黃，紙張鬆脆，稍不小心就弄一手碎紙屑。

《小日報》在十九世紀末，每期銷量超過百萬，是法國最流行的通俗類市民報紙，相當於我們今天説的「快餐文化」吧。便宜到令人咋舌的定價，當然不允許選用耐久保存的紙張。所以，儘管《小日報》存世量不少，但紙張的現狀決定了它們只能是嬌貴的收藏品。那麼，如果還有人想看，就需要重印。

説到重印，身兼學者、作家、古籍收藏家三種身份於一身的安伯托·艾可曾經這樣議論：重印會隨著當代人的口味而變化——並不總是生存在現世的人才是評判一部作品優劣的最好裁判。他還説，如果把哪些書籍需要再版這樣的事交給市場，是沒有保障的。但是如果讓一個專家委員會決定哪些書需要再版進行保存，哪些書最終要消失，結果就會更糟。比如假如我們當時聽從了薩維里奧·貝蒂內利的話，那麼十八世紀時，但丁的作品就已經被扔進漚麻池銷毀了。

我從艾可這些話聯想到，在《小日報》出版一百多年後的今天選擇編輯重印它們，裡邊到底包含了些甚麼信息？決定重印它們的機制，又是如何悄然形成並逐漸完善，以至成熟的呢？我沒有結論，但我感覺從出版印刷的角度入手，有不少問題值得細細研究。

讀這本書的另外一個小感想是，越是細細碎碎、柴米油鹽的世俗生活，越具歷史意義的耐久力。《小日報》是當年難登大雅之堂的通俗小報，書中選取的這些內容，現在回頭看當然都是歷史大事，但在當時，可能就如今天我們日常聽到的世界各地社會新聞一樣，瑣瑣碎碎，俗不可耐。可是你看，百年過後，跨越半個地球，還有人要重印他們，借他們還藝術的魂，還歷史的魂。這個細想下去，也是個有意思的課題。

擺在您眼前的這本書，是在翻印一段歷史。從社會史角度説，它再現了晚清中國的一段歷史；從出版史角度説，它復活了百年前的一份報紙。而此書一旦印成，本身又成了歷史。還是那個艾可，他說書籍就是記憶傳承的載體，原始部落裡，長者給年輕人講祖上口口相傳的記憶，年輕人成了長者，又將這些記憶講給下一輩；而在今天，書籍就是我們的長者，儘管我們知道它也會有錯誤，但我們還是會很嚴肅地對待它們。所以，請懷著面對長輩一樣的恭敬，翻開這本書吧。

＊楊葵：中國作家協會會員，曾任作家出版社策劃部副主任、編輯部主任等。

聽與看

法國《小日報》插圖出版感言

毛喻原 *

真實的歷史對我們來說是重要的，因為歷史的是否真實直接關係到我們現在的是否劣偽，而現在的是否劣偽又必然會涉及到我們的現在能否與我們的未來有效對接。對一個社會的大多數成員而言，生命是否不辜負，人生是否不冤枉，是否不空幻，不虛度，從某種意義上說，要取決於他們生活於其中的歷史、現實與他們所期盼的未來是否前後對榫、邏輯呼應、因果連線。

為了更好地還原歷史的真實——因為這種真實是現實的根基，未來的保障——我們不僅要學會去聽，而且要學會聽見，不僅要學會去看，而且要學會看見。因為聽與聽見不一樣，看與看見是兩回事。聽是有限遊戲中生理耳朵的偶然、隨意、慵懶動作，聽見是無限遊戲中靈魂聽覺被聽的對象給徹底打動、觸動與感動，聽見的行為中貫穿有一種追尋、探究的人類意志；看指的是在限制中去看，是一個有疆域的活動，而看見是要去發現我們在看的過程中所受到的限制，甚至要去看見這種限制本身。看是在一個有邊界的空間去觀察一個又一個的事物，而看見則是看到存在全景中一個個不斷擴大、外延的視閾。聽與看的結果是普世意識的進化，普世價值的形成。

從某種意義上說，中國文化屬於視覺文化，而西方文化屬於聽覺文化。這是兩種在看與聽方面有著明顯不同的文化，前者重眼睛（看），後者重耳朵（聽）。它們各自的文字起源及其最終定型為這種文化的差異提供了一個有力的佐證。本來，中國文化在看的方面與西方文化相比是具有明顯優勢的，似乎我們先天就更傾心於、偏向於視覺、象形、外觀、畫面之類的東西。無疑，視覺是我們的強項，只可惜在歷史上由於種種說得出與說不出的原因，我們的看受到了諸多的限制，我們看的更多是局域之象、零星之象、下閾之象、離散之象。看是看了，但看的東西極其可憐，數量有限，即使看了，實際上又沒有看見，誠然看見，其實又沒有真正貫通、理解。再加上聽的付諸闕如，這就使我們對歷史的拼圖、還原工作極其地離題不靠譜，極其地拉稀擺帶，極其地忽悠有餘、較真不足，甚至大有被偽歷史徹底玩弄、欺騙之嫌。沒有真實的歷史，我們的現實就是漂浮的，現實沒有被準確定位，那未來肯定就找不到方向，是盲目的。如此，一個社會的宿命就只能是過去對於未來的永遠勝利，而不是一個充滿理想的未來決勝於一個已成事實的過去。要是一個社會、一個民族它的歷史是杜撰的，現實是荒誕的，未來是虛幻的，那一切的一切就棘手到了極點，一切的一切就根本無從談起，你真的一點辦法都沒有。而為了規避這種杜撰、荒誕、虛幻，最有效的辦法之一恐怕就是我們應該盡量地去多聽，並且聽見，多看，並且看見，當然，還要多想，並且要想得徹底，想得明白。否則，我們所做的一切都是畫中餅、水中月、雲中閣。做了也等於白做，也許，不做甚麼比做甚麼更強、更好。就像我們說，在一個大踏步倒退的時代，不動就是進步是一個道理。

歷史之所以向我們呈現出一種雲遮霧繞的景象，是因為我們鮮有去做祛瘴除霾的工作；我們之所以對歷史的認識多有混亂、偏差，甚至顛倒，是因為我們勘查的工作踩點不夠，樣本偏少，參照匱乏。如果我們盡量地多踩點、多樣本、多參照，興許我們就更有可能接近歷史的真實與原貌，從而為我們的邁步定下一個更合乎歷史進步邏輯的基點。

基於以上的理由，《小日報》的出版可圈可點，可歌可賀，因為它為我們提供了一種打量我們近代歷史的他者目光，向我們呈現了一幅幅我們之前從來沒有見過的歷史畫面。無論從文學、歷史學，還是社會學、政治學的角度看，這都是一本珍貴的手繪畫冊。全書收集的近一百多幅彩圖，大多來自法國的《小日報》，並且全都出自當時法國的名家之手，由報社專門派往中國進行現場採訪報導的一流畫家兼新聞記者親自繪製。書中的內容非常豐富，由於有強烈的現場感，所以極具視覺的衝擊力，多半能給人留下深刻的印象。既有重大歷史時刻的立此存照，比如，關於中國的革命運動、義和團、中國的飢荒、滿洲大瘟疫、清太后與皇帝的駕崩、中國使團在巴黎、日軍在滿洲的殘酷報復、遠東事件、攻佔西藏等；也有近代中國風俗、景物的有趣描繪，比如，中國的第一架飛機、兵站的娛樂、當眾剪長辮、蒙古的汽車、中國樓宇、徵兵入伍、甲午戰爭時期的上海港等。其中，有些重要歷史人物的大頭像，比如慈禧、李鴻章、北京教區主教樊國良、俄國滿洲的司令官林涅維區將軍等，我想是讀者十分願意目睹的。這些繪畫的時間跨度是一八九一年至一九一一年。而這幾個年頭又恰逢中國近代史上的一個重要拐點——辛亥革命前夕，所以，這些畫面就尤其難能多得，顯得特別有意思，有意義，很值得我們仔細端詳，耐心品讀。

儘管畫冊中所記載的大多都是我國近代史上的悲慘事件，比如暴亂、殺戮、瘟疫、飢荒、戰爭、酷刑，但我仍是相信，只要是真實的歷史，我們就沒有任何理由忽略、遺忘。因為遺忘歷史，意味著同樣的悲劇就有可能會再次發生。我認為，我們能從悲慘事件中學到的東西絕不會比從幸福事件中學到的更少。往往是悲慘的事件更能觸動我們的內心，讓我們更能吸教訓、長記性，賦予我們對人類本性更為人道的理解與認知，從而讓我們以及我們生活的這個世界更有可能向更好的方面依情轉化、順勢發展。

二〇一四年十月二十五日，北京

＊毛喻原：名士毛遂後人。二〇〇三年當代漢語貢獻獎得主，曾任《文化學辭典》副主編。

自序

李紅利

來自波爾多的銀行家莫伊茨·波利多赫·米約（Moise Polydore Millaud ）於一八六三年二月一日創辦「真的便士報」《小日報》（*Le Petit Journal*）。《小日報》創立之初，刻意地規避黨派政治，堅持浪漫小說連載、人情味故事等主題，到一八八四年，其又增添了限量的每周增刊，在正版以及底版甚至內插頁中以當時最新潮的彩色石印版畫來刊印報導最新的國內外重要事件，使得它成為了世界上第一份日銷售過百萬的報紙。一八七六年創刊的《小巴黎人報》（*Le Petit Parisien*），其增刊同樣為彩色石印版畫，繪畫風格以寫實為主，兼有誇張的時局漫畫，極富視覺衝擊力。兩者共同締造了法蘭西報業的黃金時代。

至一九四四年，兩份報紙完成了從事件採集到製作版畫並以此形式報導新聞的歷史使命，被迫停刊。而當時印量僅千餘份的彩色增刊，經過了種種人禍天災，留世所剩無幾，紛紛被世界權威館藏機構收入之中。如果運氣好，在歐洲一些古董店中還可偶然邂逅一兩份。

二〇一四年四月趙省偉編輯發郵件告知北京有一人收藏了七十多份法國《小日報》，希望可以加上我手頭的法國報紙，製作一本像《遺失在西方的中國史：〈倫敦新聞畫報〉記錄的晚清一八四二～一八七三》那樣的書。最後趙編輯還附上了一句話，讓我沒有了理由拒絕這個計畫——「以西方視角呈現世紀之交的中國政策，填補中國早期影像中缺少的記錄，彌補近代中國印刷史和出版史上未曾經歷彩色石印版畫時代的空白」。

尊重編輯的專業，書稿主要採自法國《小日報》和《小巴黎人報》，同時加入了另外一些罕見報紙的資料，其中以法語報紙為主，另有幾張英文報紙。在此，感謝趙麗莎老師、李小玉老師專業的翻譯核對，以及留學法國的巫能昌博士和幾位不知道名字的朋友，複製資料提供線索。由於年代久遠，很多圖片和資料信息無法一一核對，期待收藏及文史專家不吝賜教。

最後對趙省偉、魯朝陽、李爭、程慧等幾位編輯的專業精神表示由衷的感謝。

二〇一四年十二月二十四日於美國

目錄

CONTENTS

1899

1900

1901

1902

1904

1905

1909

1910

1911

Le Petit Journal

TOUS LES VENDREDIS
Le Supplément illustré
5 Centimes

SUPPLÉMENT ILLUSTRÉ
Huit pages : CINQ centimes

TOUS LES JOURS
Le Petit Journal
5 Centimes

Deuxième Année | SAMEDI 19 DÉCEMBRE 1891 | Numéro 56

1891 年 12 月 19 日 星期六
第 56 期

《小日報》（插圖附加版）
LE PETIT JOURNAL(SUPPLÉMENT ILLUSTRÉ)

Nº 56,
SAMEDI 19 DÉCEMBRE 1891

年度事件

六月十四月，光緒帝批准李鴻章等人奏摺，同意在膠州灣設防，此為青島建置之始

六月二十六日，清政府北洋艦隊啟程訪問日本

十月，熱河地區爆發金丹道起事

康有為開設「萬木草堂」

長江流域發生多起教案

中國的大屠殺
（火刑）

LES MASSACRES EN CHINE
(Incendies)

一八九一年四、五月間，揚州、蕪湖、丹陽、無錫、九江、宜昌等地接連發生教堂被毀，教士被殺的教案，也成為了「義和團事件」之前最為嚴重的反教事件，一時間各國駛入長江流域的護僑軍艦達二十多艘。經在華傳教士多方搜尋，發現大多數反洋教書籍均是一個名叫周漢的書商所刻。各國公使向清廷及湖廣總督張之洞施壓，要求嚴查此事。

周漢，一八四一年出生，湖南寧鄉人，曾投身軍旅，累積軍功被薦為山西補用道，獲二品頂戴。一八八四年後居住於長沙。

張之洞鑒於周在湖南地區的影響，建議將周發送到甘肅或新疆任職。總理衙門駁回並強令張之洞立刻處理周漢一案，不得拖延。此前李鴻章曾出主意調查周漢的經濟問題。並以此懲處周漢，既不碰觸民意，也可以給洋人一個交待。但湖廣方面經調查給出了一個「周漢乃精神病患者」的結論。

一八九七年列強掀起瓜分中國的狂潮，周漢再度在長沙發佈反洋文告。湖南巡撫陳寶箴認為周漢會再引起禍端，就派人將其從寧鄉老家拘回長沙看管。結果寧鄉生員罷考，長沙士紳也表示聲援，陳只好把周扔給張之洞，提出將周押到武漢審訊。張之洞堅決拒絕這個燙手山芋。陳寶箴不得不仿照當年，再次將周漢以「精神病」交由特殊監獄監禁。

中國的大屠殺
（酷刑）

LES MASSACRES EN CHINE
(Supplices)

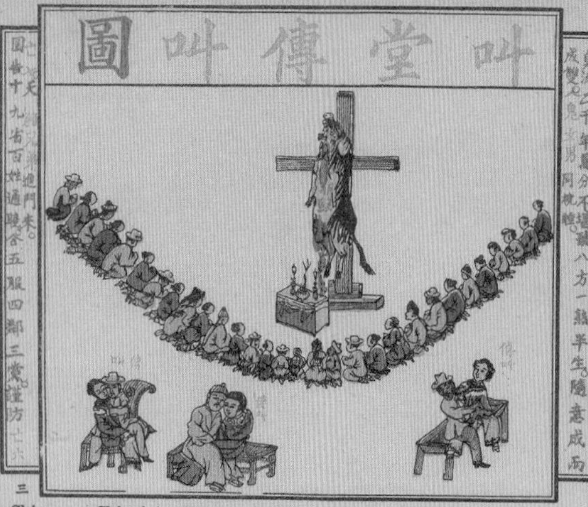

La Chine aux Chinois! — Tel pourrait être le titre d'une publication répandue à foison dans toute la Chine, et dont nous reproduisons ici quelques images en résumant le texte qui les accompagne. Ce livre a dû puissamment contribuer à la préparation des événements actuels. Il s'ouvre par une image représentant des Chinois prosternés autour d'un porc crucifié, tandis que derrière eux, des chrétiens courtisent leurs femmes.

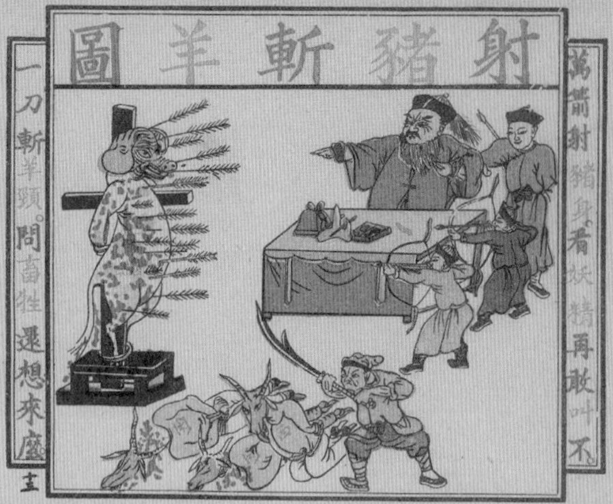

Le supplice du porc et de la chèvre. — Le monstre à figure de porc représente un chrétien; la chèvre un étranger. « Au porc dix mille flèches, et vous écouterez ensuite s'il crie encore. A la chèvre un bon coup de couteau, qui lui tranche la tête et vous verrez si elle a envie de revenir! » Le porc percé de flèches porte l'inscription *Ye-Su* (Jésus). La chèvre décapitée est marquée *Si* (occidental). Un mandarin à bouton rouge préside à l'exécution.

Les prêtres de Bouddah et de Taou exterminant les démons. — « Aux armes, fervents adeptes de Tai Shang et de Shih Kia, fondateurs de votre foi! Unissez-vous pour chasser les diables étrangers; afin que ces affreux démons ne détruisent pas les statues dorées de vos dieux. » Les démons étrangers sont représentés par trois porcs. Celui du milieu porte l'inscription *Ye Su* (Jésus); celui de droite *Kian-Sze* (missionnaire); celui de gauche *Kian-Tu* (disciple-converti).

La Déroute des barbares et le massacre des captifs. — Le Très Saint Empereur a une place forte où il donne asile à ceux du dedans (les Chinois) et d'où il chasse ceux du dehors (les étrangers). « Notre florissante dynastie est toute puissante, sa renommée est glorieuse, son pouvoir est immense. » L'image représente un Mandarin à cheval, précédé d'une chèvre et d'un porc captifs. Sur les remparts, des têtes coupées de porcs étrangers, surmontés d'étendards chinois.

La secte des porcs (chrétiens) aveuglant les Chinois. — Deux étrangers arrachent les yeux à un Chinois couché sur un lit. Au premier plan, deux Chinois rendus aveugles par la même opération, rampent aux pieds des étrangers devenus leurs maîtres. Allusion à une légende d'après laquelle les missionnaires emploient les yeux de Chinois pour la transmutation du plomb en argent. Les yeux enlevés sont remplacés par du plâtre coulé dans les orbites. Cela s'appelle cacheter un Céleste pour le voyage en Occident.

Extermination des chèvres par tous les tigres. — Lutter contre un tigre est difficile, mais quand tous les tigres s'élancent à la fois, qui oserait braver le torrent révolutionnaire? Les chèvres seront donc exterminées. Dans l'image, les tigres représentent, bien entendu, les patriotes chinois et les chèvres sont marquées du signe *Si* (occidental ou étranger.) Comme dans toutes les enluminures analogues, les étrangers, chèvres ou porcs, ont la tête coloriée en vert.

Fac-simile d'un album d'imagerie populaire prêchant la guerre contre les Etrangers, publié en 1891 à Tchang-Cha, province de Hou-nan.

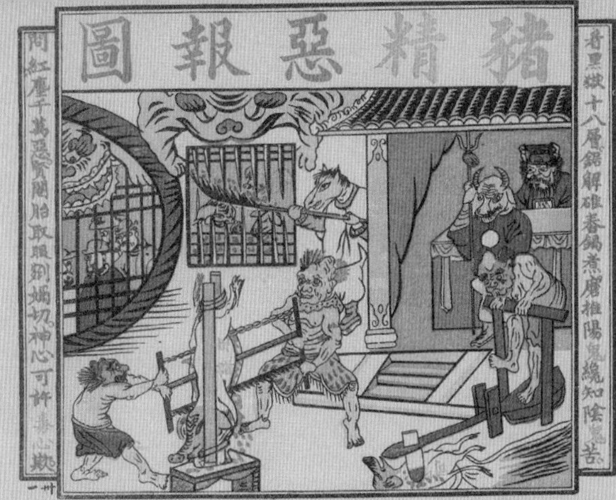

Les supplices de l'enfer réservés aux chrétiens. — On y voit un porc chrétien scié en deux, un autre pilé dans un mortier — des démons à têtes de cheval et de bœuf président à la torture, tandis que d'autres chrétiens y assistent derrière une grille, en attendant leur tour. Parmi ceux-ci, des étrangers en costume européen. « Malheur aux convertis! dit le texte, tels sont les supplices qui les attendent, eux, leurs femmes, leurs enfants et leurs petits enfants! »

Pour fêter la naissance d'un enfant, sacrifiez un porc et une chèvre. — « Quand l'enfant aura trois jours, nous vous tuerons. Quand l'enfant aura un an, nous les mangerons. Vous, ce sont les porcs, les chrétiens; eux, ce sont les chèvres, les étrangers. Cette image se répète sous diverses formes en s'appliquant à tous les événements de la vie de famille. Dans celle-ci, le sacrifice est figuré au premier plan; on aperçoit au fond la famille du nouveau-né.

Rendez aux porcs ce qui vient des chèvres. — Des étrangers, en costume européen, apportent une chèvre à la porte d'un temple surmonté de l'inscription *Hing-Tan*, nom d'une école célèbre fondée par Confucius. Leurs présents sont repoussés avec mépris et la morale de cette image, dit le texte, est que les disciples de Confucius ne veulent rien apprendre des chrétiens. A remarquer la couleur verte dont est toujours enluminée la coiffure des étrangers.

A bas les étrangers! Au feu leurs livres! — A gauche, en bas, un *autodafé* que des patriotes contemplent en se bouchant le nez, car les livres étrangers empoisonnent : la religion dépravée qu'ils enseignent ne prêche-t-elle pas le mépris des traditions, des ancêtres et des sages, de Bouddah et des Genies? Au premier plan, un portefaix apporte au bûcher une charge de livres chrétiens. Plus haut, des patriotes assomment des étrangers à coups de bâton.

Les pirates étrangers mis en déroute par l'éventail sacré. — Allusion à la légende d'après laquelle Chu-Ko-Liang, ministre de l'empereur Liu-Pei, ayant régné de 181 à 234 de l'ère chrétienne, mit en déroute une flotte ennemie, après avoir obtenu par ses prières un vent favorable. L'image représente le grand patriote monté sur une jonque de guerre et brandissant l'éventail qui souffle l'incendie sur le vaisseau des barbares occidentaux. L'incendie détruit le navire, ajoute le texte chinois, et les pirates meurent tous dans les flammes.

Soumission générale des porcs et des chèvres. — L'animal fabuleux représenté au milieu du groupe est le Kilin, roi des quadrupèdes. Les porcs sont, comme toujours, marqués des signes *Jésus, missionnaire* et *converti;* les chèvres, du signe *occidental* ou *étranger*. Tous les étrangers réfractaires, tous les chrétiens incorrigibles ont été exterminés des différentes manières représentées précédemment. Les survivants reconnaissent la suprématie de la Chine, ils se prosternent devant sa gloire et célèbrent l'apothéose du fils du Ciel.

Fac-simile d'un album d'imagerie populaire prêchant la guerre contre les Etrangers, publié en 1891 à Tchang-Cha, province de Hou-nan.

選自《畫刊》1900年7月28日。一本宣講抗擊外國入侵者戰爭的暢銷畫冊的影印本，這本畫冊1891年出版於湖南省長沙市。

1ème année N° 41 EDITION D'AMATEUR Dimanche 8 octobre

L'Illustré SOLEIL DU DIMANCHE

1893 年 10 月 8 日 星期日
第 41 期

《插圖版禮拜日的太陽》

L'ILLUSTRÉ SOLEIL DU DIMANCHE

N°41,
DIMANCHE 8 OCTOBRE 1893

年度事件

法國征服越南

張之洞創辦漢陽鐵廠、自強學堂

《中英藏印續約》簽訂

中國對基督徒的新一輪屠殺
（水彩畫 M. DE PARYS 繪）

LES DERNIERS MASSACRES DE CHRÉTIENS EN CHINE.
(Aquarelle De M. De Parys)

Le Petit Journal

TOUS LES JOURS
Le Petit Journal
5 Centimes

SUPPLÉMENT ILLUSTRÉ
Huit pages : CINQ centimes

TOUS LES DIMANCHES
Le Supplément illustré
5 Centimes

Cinquième année — LUNDI 13 AOUT 1894 — Numéro 195

1894 年 8 月 13 日 星期一
第 195 期

《小日報》（插圖附加版）
LE PETIT JOURNAL（SUPPLÉMENT ILLUSTRÉ）

Nº 195,
LUNDI 13 AOÛT 1894

年度事件

六月十一日，清軍指揮官葉志超不戰而走，致使日軍佔領平壤

七月二十五日，豐島海戰爆發

八月一日，清廷被迫正式向日本宣戰，是為中日甲午戰爭的開始

九月十七日，甲午黃海海戰開始

十一月二十一日，日軍攻佔「東亞第一堡壘」旅順口後，進行了野蠻的旅順大屠殺

十一月二十四日，孫中山在夏威夷檀香山建立了中國第一個資產階級革命團體——興中會

朝鮮事件
首爾騷亂

LES ÉVÉNEMENTS DE CORÉE
Agitation À Séoul

第 195 期

《小日報》（插圖附加版）
LE PETIT JOURNAL（SUPPLÉMENT ILLUSTRÉ）

N° 195,
LUNDI 13 AOÛT 1894

一八九四年七月二十五日，清政府雇用的英國商船高昇號從塘沽起航，運送中國士兵前往朝鮮牙山，遭埋伏在豐島附近海面的日本浪速號巡洋艦偷襲被擊沉，船上大部分官兵殉國，史稱高昇號事件。

朝鮮事件
一艘清朝軍艦被日軍擊沉

LES ÉVÉNEMENTS DE CORÉE
Un Vaisseau Chinois Coulé Par Les Japonais

《小日報》（插圖附加版）
LE PETIT JOURNAL（SUPPLÉMENT ILLUSTRÉ）

Nº 200,
LUNDI 17 SEPTEMBRE 1894

一八九四年四月十八日，就在中日戰爭爆發前夕，法國政府新任命的駐華公使施阿蘭抵達北京，其除了保全與維護法國在中國所有的既得權益和特權外，另一項重要任務就是與中國劃定中越邊界，進一步開拓中越之間的交通與貿易關係。中日開戰，無疑是法國實現這一目的之天賜良機。

九月十七日這一天，是中日甲午戰爭的黃海海戰開打日。

《小日報》刊登的這幅「一名法國海關檢查員被中國人謀殺」，畫中的中國人留有日本武士的髮型，可見西方繪者對中日髮式的混淆。

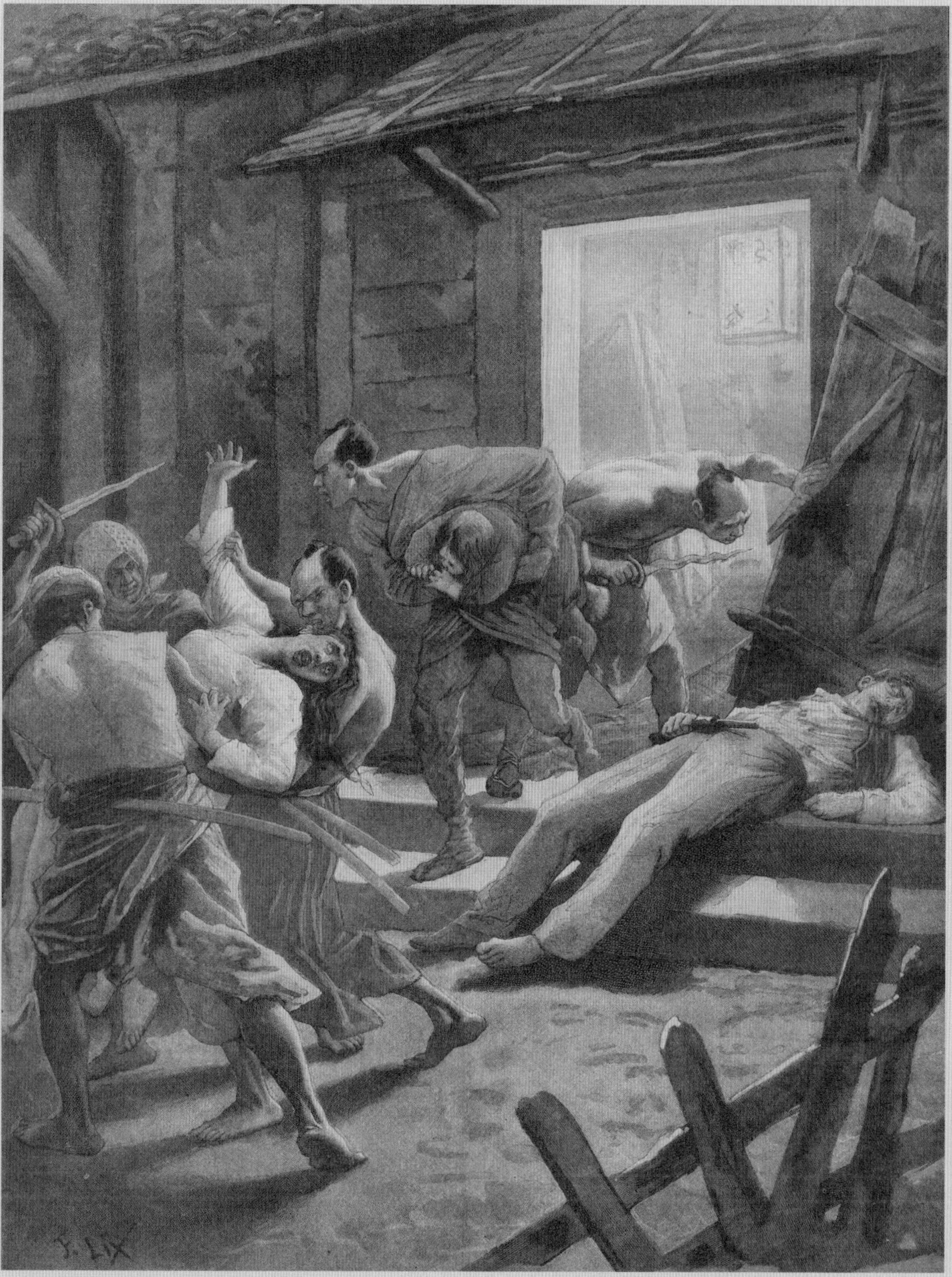

一名法國海關檢查員被中國人謀殺

ASSASSINAT PAR LES CHINOIS
D'UN CONTRÔLEUR DES DOUANES
FRANÇAISES

1894年10月29日 星期一
第206期

一幅日本畫

一名日本軍官奪取清軍旗幟

《小日報》（插圖附加版）

LE PETIT JOURNAL（SUPPLÉMENT ILLUSTRÉ）

N° 206. LUNDI 29 OCTOBRE 1894

UN DESSIN JAPONAIS

Prise D'un Drapeau Chinois Par Un Officier Japonais

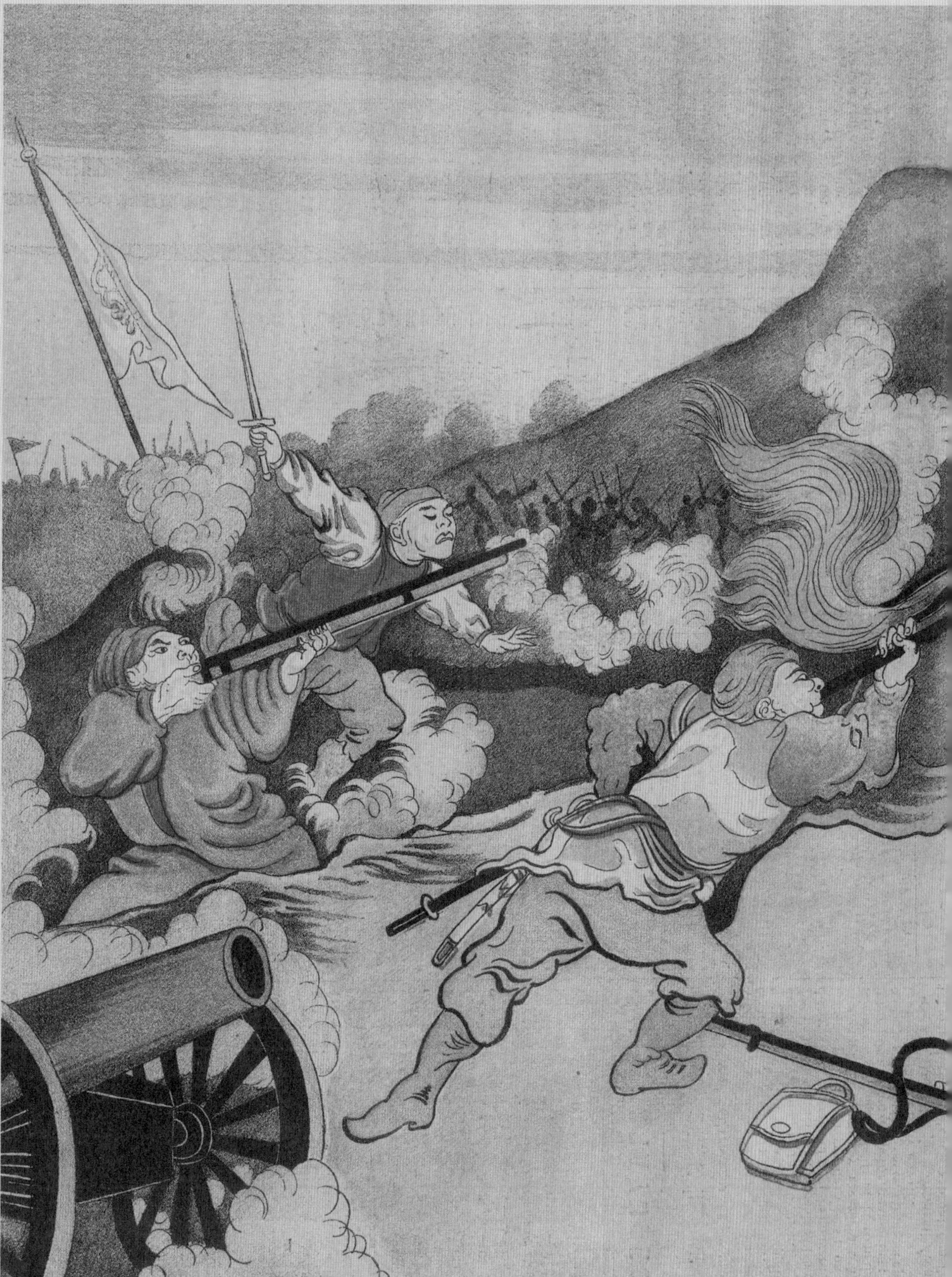

Le Petit Journal

Le Petit Journal
CHAQUE JOUR 5 CENTIMES
Le Supplément illustré
CHAQUE SEMAINE 5 CENTIMES

SUPPLÉMENT ILLUSTRÉ
Huit pages : CINQ centimes

ABONNEMENTS

	TROIS MOIS	SIX MOIS	UN AN
PARIS	1 fr.	2 fr.	3 fr 50
DÉPARTEMENTS	1 fr.	2 fr.	4 fr.
ÉTRANGER	1 50	2 50	5 fr.

Sixième année — DIMANCHE 6 JANVIER 1895 — Numero 216

1895 年 1 月 6 日 星期日
第 216 期

《小日報》
LE PETIT JOURNAL

N° 216,
DIMANCHE 6 JANVIER 1895

年度事件

一月下旬至二月初，威海戰役中北洋艦隊全軍覆沒

二月十三日，清政府任命李鴻章為「頭等全權大臣」赴日議和

四月十七日，《馬關條約》簽訂，割遼東半島、台灣、澎湖列島給日本，賠償日本軍費白銀二萬萬兩

五月二日，康有為聯合在北京會試的各省舉人一千三百多人於松筠庵商議，聯名上書光緒皇帝，史稱「公車上書」

五月五日，在俄、德、法等國的干預下，日本政府聲明願意放棄遼東半島，但清政府須加付「贖地費」白銀三千萬兩

五月二十五日，台灣民主國建立，唐景崧出任總統

八月十七日，康有為在北京創辦《萬國公報》（後改為《中外紀聞》）

十月二十六日，孫中山策劃的第一次廣州起義失敗，陸皓東被捕

十二月八日，清政府命浙江溫處道袁世凱在天津小站督練「新建陸軍」（小站練兵）

十二月二十七日，張之洞奏請編練自強軍、修築滬寧鐵路及舉辦郵政

中日甲午戰爭
上海港

LA GUERRE SINO-JAPONAISE
Porte De Shang-Hai

一八九四年十一月十二日，中日激戰正酣，光緒帝在文華殿接見了英、法、俄、美、西班牙、比利時、瑞典等國駐華公使，並親自用滿語致答詞。早在一天前（十一月十一日），光緒帝就想在各國使臣覲見時「賜寶星（勳章）」，以加強與各國的聯絡。這次覲見也成了光緒帝力圖擺脫傳統外交（天朝體系下的華夷秩序）的束縛，在程序上向近代外交靠攏的嘗試。參加覲見的法國公使施阿蘭後來評論：「這次覲見本身標誌著西方同中國關係史上的一個新紀元。這是破天荒第一遭讓君王神聖不可接近和不可仰望的信條（直到那天為止中國禮儀使它帶上偶像崇拜的性質），被純粹的外交禮儀所替代。」

中國皇帝接見法國大使施阿蘭

M. GÉRARD, AMBASSADEUR DE FRANCE,
REÇU PAR L'EMPEREUR DE CHINE

第 249 期

《小日報》（插圖附加版）
LE PETIT JOURNAL（SUPPLÉMENT ILLUSTRÉ）

Nº 249,
DIMANCHE 25 AOÛT 1895

黑旗軍原本是太平天國革命期間，活動於兩廣邊境的一支地方武裝，因以七星黑旗為軍旗而得名。一八六五年，黑旗軍首領劉永福率部加入以吳亞忠為首的天地會起義軍。一八六七年由於清軍的進攻，黑旗軍進駐保勝（今越南老街）。後因抗擊法軍的英勇表現，劉永福被越南國王授予三宣副提督之職。中法戰爭中更是協同老將馮子材的部隊，創造了打死法軍七十四人的鎮南關大捷，從而扭轉了戰爭形勢。之後，劉永福返回中國，部隊被清廷解散。甲午戰爭中黑旗軍奉命重組後，由劉永福率領進駐台灣島，後日軍入侵，將士大多戰死。

一名法國人被黑旗軍俘虜
卡雷爾將軍被俘

UN FRANÇAIS PRISONNIER DES PAVILLONS NOIRS
Captivité De M. Carrere

Le Petit Journal

Le Petit Journal
CHAQUE JOUR 5 CENTIMES
Le Supplément illustré
CHAQUE SEMAINE 5 CENTIMES

SUPPLÉMENT ILLUSTRÉ
Huit pages : CINQ centimes

ABONNEMENTS

	SIX MOIS	UN AN
SEINE ET SEINE-ET-OISE	2 fr.	3 fr. 50
DÉPARTEMENTS	2 fr.	4 fr.
ÉTRANGER	2 50	5 fr.

Septième année — DIMANCHE 26 JUILLET 1896 — Numéro 297

1896年7月26日 星期日
第297期

《小日報》（插圖附加版）
LE PETIT JOURNAL（SUPPLÉMENT ILLUSTRÉ）

Nº 297,
DIMANCHE 26 JUILLET 1896

《馬關條約》簽訂後，李鴻章遭到一片罵聲，去職後賦閒在北京東安門外的賢良寺內。清廷鑒於李鴻章的苦勞，封其為大清國全權大使，參加沙皇的加冕典禮，並趁機出訪歐美五大強國：俄、德、英、法、美。從一八九六年三月二十八日離開上海，到十月三日回到天津，歷時一百九十天，半年有餘。此次出訪，歐美各大報刊相繼報導，甚至被高爾基寫進小說裡。

法國的賓客們
清朝傑出使臣李鴻章總督

LES HOTES DE LA FRANCE
Le Vice-Roi Li-Hung-Chang, Ambassadeur Extraordinaire
De Chine

《名利場》* 一八九六年八月十三日 VANITY FAIR, AUG 13, 1896

李（鴻章）

"Li"

當時美國漫畫家筆下的李鴻章，身穿黃馬褂，配帶勳章的李鴻章，面容溫煦，態度和藹，卻仍然傳達出一種久居高位、不怒而威的氣場。

* 又譯為《浮華世界》，美國著名文化生活類時尚雜誌，內容包括政治、名人、圖書、幽默、新聞、藝術和攝影。

GUTH 96

Le Petit Journal
SUPPLÉMENT ILLUSTRÉ
Huit pages : CINQ centimes

Le Petit Journal
CHAQUE JOUR 5 CENTIMES
Le Supplément illustré
CHAQUE SEMAINE 5 CENTIMES

ABONNEMENTS

	SIX MOIS	UN AN
SEINE ET SEINE-ET-OISE	2 fr.	3 fr. 50
DÉPARTEMENTS	2 fr.	4 fr.
ÉTRANGER	2 50	5 fr.

…uvième année DIMANCHE 16 JANVIER 1898 Numéro 374

1898 年 1 月 16 日 星期日
第 374 期

《小日報》（插圖附加版）
LE PETIT JOURNAL（SUPPLÉMENT ILLUSTRÉ）

N° 374,
DIMANCHE 16 JANVIER 1898

年度事件

六月九日，《展拓香港界址專條》在北京簽訂，英國強行租借界限街以北、深圳河以南的九龍半島北部以及附近大小兩百三十五個島嶼（後統稱「新界」），租期九十九年

六月十一日，光緒皇帝頒布《明定國是詔》，表明變更體制的決心，百日維新拉開序幕

九月二十一日，慈禧太后發動戊戌政變，囚禁光緒帝於中南海瀛台，變法宣告失敗

一八九八年，在美西戰爭中取得勝利的美國人發現，中國已被列強瓜分完畢。為了維護本國利益，一八九九年，美國國務卿海約翰先後向英、俄等六國政府發布照會，提出了「門戶開放」政策，要求貿易均等，「利益均沾」

在中國
國王和……皇帝們的蛋糕

EN CHINE
Le Gâteau Des Rois Et... Des Empereurs

Onzième année. — N° 26. DIX CENTIMES Paris. Seine et Seine-et-Oise ÉDITION LITTÉRAIRE QUINZE CENTIMES dans les départements Dimanche 26 Juin 1898.

L'Illustré
SOLEIL DU DIMANCHE

1898 年 6 月 26 日 星期日
第 26 期

《插圖版禮拜日的太陽》

L'ILLUSTRÉ SOLEIL DU DIMANCHE

N°26,
DIMANCHE 26 JUIN 1898

描述法國傳教士遭到「野蠻中國人」殘殺的場景，這些教案確實發生，但是實際情形是否真像繪者筆下呈現，只是洋人與教民單方面被屠戮？而當時藉著這些圖片，想對法國讀者們傳達什麼樣的意思？是否為下一次出兵中國的正當性預先鋪路？

中國本土宗教信徒毆殺法國傳教士
蘇安寧及兩名教徒於永安州

MASSACRE D'UN MISSIONNAIRE, LE PÈRE BERTHOLET, ET DE DEUX DE SES CATÉCHUMÈNES, PAR DES CHINOIS FANATIQUES, À TUNG-KIANG-TCHEOU. COMPOSITION DE M. DAMBLANS

第25期 發行第 1 年 L'illustré National,

《國家畫報》
L'illustré National

N°25, 1er Année,
DIMANCHE 31 JUILLET 1898

黑旗軍在 WOU-TCHAOU 起義

LA RÉVOLTE DES PAVILLONS-NOIRS
A WOU-TCHAOU

1899年4月16日 星期日
第1163期

《虔誠者報》
LE PETIT JOURNAL

LE PÈLERIN, N° 1163,
DIMANCHE, 16 AVRIL 1899

P·維克托蘭殉難

P·維克托蘭被綁住雙手吊在樹上五天後，遭到斬首，而劊子手們還不停地蹂躪他的屍首

LE MARTYRE DU P. VICTORIN

Après que le P. Victorin fut resté suspendu par les mains à un arbre pendant cinq jours, il fut décapité et les bourreaux s'acharnèrent sur son corps.s

Le Petit Journal

Le Petit Journal
CHAQUE JOUR 5 CENTIMES
Le Supplément illustré
CHAQUE SEMAINE 5 CENTIMES

SUPPLÉMENT ILLUSTRÉ
Huit pages : CINQ centimes

ABONNEMENTS

	SIX MOIS	UN AN
SEINE ET SEINE-ET-OISE	2 fr.	3 fr. 50
DÉPARTEMENTS	2 fr.	4 fr.
ÉTRANGER	2 50	5 fr.

ixième année　DIMANCHE 3 DÉCEMBRE 1899　Numéro 472

1899 年 12 月 3 日 星期日
第 472 期

《小日報》（插圖附加版）
LE PETIT JOURNAL（SUPPLÉMENT ILLUSTRÉ）

Nº 472,
DIMANCHE 3 DÉCEMBRE 1899

年度事件

七月二十日，康有為創立保皇會

俄羅斯租借旅順

義和團興起，山東滕縣民間秘密結社風靡一時

「湛江人民抗法鬥爭」：一八九八—一八九九年間，湛江地區發生了一場以農民為主力、地方官紳和各界人士參與的反抗法國強租「廣州灣」的大規模武裝鬥爭。因主要發生在當時的遂溪縣東南沿海地區，又稱「遂溪抗法鬥爭」。

兩名法國軍官在廣州灣被殺

DEUX OFFICIERS FRANÇAIS ASSASSINÉS A GUANG-TCHEOU-WAN

1900年1月21日 星期日
第572期

法軍與清軍交戰

廣州灣戰役

《小巴黎人報》
LE PETIT PARISIEN

N°572.
DIMANCHE 21 Janvier 1900

ENTRE FRANÇAIS ET CHINOIS
Le Combat De Quan-Chau-Wan

CARREY

Douzième année — N° 593. Huit pages : CINQ centimes Dimanche 17 Juin 1900.

Le Petit Parisien

TOUS LES JOURS
Le Petit Parisien
5 CENTIMES.

SUPPLÉMENT LITTÉRAIRE ILLUSTRÉ
DIRECTION: 18, rue d'Enghien, PARIS

TOUS LES JEUDIS
SUPPLÉMENT LITTÉRAIRE
5 CENTIMES.

1900 年 6 月 17 日 星期日
第 593 期

《小巴黎人報》（插圖文學附加版）
LE PETIT PARISIEN(SUPPLÉMENT LITTÉRAIRE ILLUSTRÉ)

N° 593,
DIMANCHE 17 JUIN 1900

年度事件

一月五日，清廷批准法國租借廣州灣並訂立條約
一月九日，山東義和拳數百人，將直隸清河大寨莊教堂焚毀後返回山東
一月二十四日，慈禧太后詔立端王載漪之子溥儁為大阿哥
四月五日，北京出現義和團壇口和揭貼，宣稱「消滅洋鬼子之日，便是風調雨順之時」
四月十日，袁世凱鎮壓山東義和團。
五月二十四日，各國公使照會清廷，將駐軍北京使館
六月六日，慈禧太后決定利用義和團抵禦洋人
六月七日，義和團大批湧入北京
六月十日，西摩爾率英、美、奧、義、俄、法、德、日八國聯軍兩千餘人，向北京進發
六月十三日，八國聯軍在廊坊遭義和團襲擊
六月十六日，慈禧太后向列強各國宣戰
六月十七日，八國聯軍攻陷天津大沽炮台
六月二十日，德國公使克林德被清軍開槍打死
七月七日—十三日，清軍日夜炮擊北京使館
七月十四月，八國聯軍從大沽口進攻天津後，血洗天津
七月十七日，俄軍屠滅江東六十四屯居民
八月三日，俄軍大舉入侵東北
八月五日，盛宣懷向英大東公司、丹麥大北公司借款二十一萬英鎊，架大沽至上海海底電線
八月十五日，北京淪陷，慈禧太后帶著光緒帝等出京西逃
八月十九日，俄軍闖入頤和園，大肆搶劫
八月二十日，清廷以光緒帝名義發佈「罪己詔」，向列強致歉
十月十一日，李鴻章抵京議和
十月二十六日，慈禧太后等逃至西安
十一月十三日，清廷被迫將十名王公大臣革處
十一月十日，八國聯軍成立「管理北京委員會」
十一月二十七日，清廷接受列強提出的《議和大綱》十二款

義和團　LES BOXEURS CHINOIS

第 501 期

《小日報》（插圖附加版）
LE PETIT JOURNAL（SUPPLÉMENT ILLUSTRÉ）

N° 501,
DIMANCHE 24 JUIN 1900

一九〇〇年六月，大批拳民湧入直隸，在官府睜隻眼閉隻眼的暗縱下，開始殺害教民和傳教士、破壞電桿、鐵軌以及教堂。

中國事件
義和團

ÉVÉNEMMENTS DE CHINE
Les Boxers

1900 年 7 月 1 日 星期日
第 595 期

《小巴黎人報》
LE PETIT PARISIEN

N°595,
DIMANCHE 1er JUILLET 1900

太平天國以前，清朝正規軍由八旗軍和綠營軍組成。八旗軍於清朝中期因越趨腐化，由漢人編成的綠營漸成清軍主力，由於使用綠色軍旗而得名。但到了兩次鴉片戰爭和鎮壓太平軍時，綠營也已失卻戰力。此後，清廷只能逐漸依賴如湘軍和淮軍等鄉勇部隊。

清朝事件
清朝正規軍部隊

LES ÉVÉNEMENTS DE CHINE
les troupes régulières chinoises

TOUS LES JOURS
Le Petit Parisien
5 CENTIMES.

SUPPLÉMENT LITTÉRAIRE ILLUSTRÉ
DIRECTION: 18, rue d'Enghien, PARIS

TOUS LES JEUDIS
SUPPLEMENT LITTÉRAIRE
5 CENTIMES.

1900 年 7 月 8 日 星期日
第 27 期 發行第 3 年

《多姆山導報》（周日插圖附加版）
LE MONITEUR DU PUY-DE-DOME (SUPPLÉMENT
ILLUSTRÉ DU DIMANCE)

Nº 27, Troisième Année,
DIMANCHE 8 JUILLET 1900.

大沽口砲台，明清時期北方海防要塞，曾前後發生過四次對外戰役。

第一次發生於一八五八年五月二十日，英法聯軍兵臨天津城下，最後簽訂了《天津條約》。

第二次於一八五九年六月二十日，四艘英法聯軍的軍艦被清軍擊沉，是少見的中方獲勝戰役。

第三次於一八六〇年八月一日，英法聯軍出動三十多艘軍艦和陸戰隊五千人，聯軍獲勝，自此大沽口完全落入聯軍控制。

第四次是一九〇〇年六月十七日，八國聯軍入侵，提督羅榮光率守軍及義和團，在大沽口砲台抗擊，但最終失陷。依後來簽定的《辛丑條約》，列強要求將大沽口砲台拆毀。

清朝事件
大沽炮台的戰鬥

LES ÉVÉNEMENTS DE CHINE
Prise des forts de Takou

第 596 期　　　　　LE PETIT PARISIEN(SUPPLÉMENT LITTÉRAIRE ILLUSTRÉ)　　DIMANCHE 8 JUILLET 1900

大沽口戰役，《小巴黎人報》描繪的另一種場景。

清朝事件
大沽失陷

LES EVENEMENTS DE CHINE
La Prise De Takou

第 503 期

《小日報》（插圖附加版）
LE PETIT JOURNAL（SUPPLÉMENT ILLUSTRÉ）

Nº 503,
DIMANCHE 8 JUILLET 1900

此時是清軍會同義和拳民包圍北京東交民巷使館區，晝夜不停攻打的時候。在這幅肖像畫裡的慈禧，儀態端嚴，眼睛大而有神，面容安詳平靜。

西太后
中國的皇太后

SY-TAY-HEOU
Impératrice Douairière De Chine

★N° 297. 6e année. 14 Juillet 1900. 15 centimes.

Le Rire

Un an : Paris, 8 fr. Départements, 9 fr. Étranger, 11 fr.
Six mois : France, 5 fr. Étranger, 6 fr.

JOURNAL HUMORISTIQUE PARAISSANT LE SAMEDI

M. Félix JUVEN, Directeur. — Partie artistique : M. Arsène ALEXANDRE

La reproduction des dessins du RIRE est absolument interdite aux publications, françaises ou étrangères, sans autorisation

122, rue Réaumur, 122
PARIS
Les manuscrits et dessins non insérés ne sont pas rendus.

1900 年 7 月 14 日
第 297 期 發行第 6 年

《笑報》（每週六發行的幽默報刊）
LE RIRE(JOURNAL HUMORISTIQUE PARAISSANT LE SAMEDI)

N°297,
6e année.14 JUILLET 1900

《小日報》副刊〈笑報〉刊出的政治嘲諷漫畫，慈禧身穿清朝親王袍服，花翎頂戴，右手持扇，拇指指甲尖長彎勾，左手則握著一柄匕首。留著類似日本武士的髮式，眼光低垂，嘴角下抿，神情陰狠。畫的左側有一串被五花大綁的裸體死屍，像串燒烤肉那樣矗立。

清朝太后殿下 S. M. L'IMPÉRATRICE DOUAIRIÈRE DE CHINE

TOUS LES JOURS
Le Petit Parisien
5 CENTIMES.

SUPPLÉMENT LITTÉRAIRE ILLUSTRÉ
DIRECTION: 18, rue d'Enghien, PARIS

TOUS LES JEUDIS
SUPPLÉMENT LITTÉRAIRE
5 CENTIMES.

1900 年 7 月 15 日 星期日
第 597 期

《小巴黎人報》（插圖文學附加版）
LE PETIT PARISIEN(SUPPLÉMENT LITTÉRAIRE ILLUSTRÉ)

N°597,
DIMANCHE 15 Juillet 1900

八國聯軍開戰後，清政府曾公開懸賞：「殺一洋人賞五十兩、洋婦四十兩、洋孩三十兩」。

清朝事件
殺死外國聯軍！

LES ÉVÉNEMENTS DE CHINE
MORT AUX ÉTRANGERS !

《小日報》（插圖附加版）
LE PETIT JOURNAL（SUPPLÉMENT ILLUSTRÉ）

Nº 504,
DIMANCHE15 JUILLET 1900

清軍的正規軍並沒有盡全力作戰，甚至還向使館區遞送蔬菜飲水。

中國事件
受中國正規軍保護的外國人

ÉVÉNEMMENTS DE CHINE
Les Étrangers Sous La Garde Des Réguliers Chinois

ABONNEMENT

	SIX MOIS	UN AN
France, Algérie, Tunisie. .	2 fr.	3 fr. 50
Étranger (Union postale). .	2 fr. 50	5 fr.

SUPPLÉMENT ILLUSTRÉ DU DIMANCHE

ADMINISTRATION : rue Barbançon — CLERMONT-FERRAND

ANNONCES

POUR LA PUBLICITÉ, S'ADRESSER
à PARIS, 8, place de la Bourse
A L'AGENCE HAVAS

Imprimerie Mont-Louis. — Clermont-Ferrand

1900 年 7 月 22 日 星期日
第 29 期 發行第 3 年

《多姆山導報》（周日插圖附加版）

LE MONITEUR DU PUY-DE-DOME
(SUPPLÉMENT ILLUSTRÉ DU DIMANCE)

Nº 29,
Troisième Année, DIMANCHE
22 JUILLET 1900.

克林德，一八五三年出生於德國波茨坦，早年接受軍事教育，一八八一年辭去軍職進入外交部門，並被派往中國。來華後曾任德國駐廣州和天津等地領事。一八九九年四月，升任德國駐華公使。一九〇〇年六月十九日，總理衙門照會各國公使「限二十四點鐘內各國一切人等均需離京」。當晚，各國公使聯名致函總理衙門，要求延緩離京日期，以保障各國人員安全，並要求次日上午九時前給出回覆。

六月二十日上午八時，各國未達成一致，克林德便獨自帶著翻譯柯達士乘轎從東交民巷使館前往位於東單牌樓北大街東堂子衚衕的總理衙門交涉。走到東單牌樓北大街西總布衚衕西口時，被巡邏的神機營霆字隊槍八隊章京恩海打死，柯達士受傷。

克林德被殺事件發生後，德國皇帝威廉二世決意派遣兩萬多人的對華遠征軍。不過這支部隊還未抵達中國，戰爭就已結束。

八月，神機營章京恩海自首，後被德國判處死刑，於東單克林德身亡之地處斬。

一九〇一年，《辛丑條約》第一款就是：清廷派醇親王載灃赴德國就克林德公使被殺一事向德皇道歉，並在克林德被殺地點修建一座品級相當的石牌坊（賽金花建議）。

「克林德碑」牌坊橫跨在繁華的東單北大街上，於一九〇一年六月二十五日動工，一九〇三年一月八日完工，碑文用拉丁語、德語、漢語三種文字，表達清帝對克林德被殺的惋惜。一九一八年十一月十三日，民國政府將牌坊遷往中央公園（今中山公園），並將坊額改為「公理戰勝」。一九五三年十月，改名為保衛和平坊。

北京的一處使館遭襲　　ÉVÉNEMMENTS DE CHINE

《小日報》（插圖附加版）
LE PETIT JOURNAL（SUPPLÉMENT ILLUSTRÉ）

Nº 505,
DIMANCHE 22 JUILLET 1900

六月二十日，德國駐華公使克林德被清軍神機營軍官開槍擊斃。

中國事件
德國公使克林德男爵被殺

ÉVÉNEMENTS DE CHINE
Assassinat Du Baron De Ketteler, Ministre D'allemagne

《小巴黎人報》（插圖文學附加版）
LE PETIT PARISIEN(SUPPLÉMENT LITTÉRAIRE ILLUSTRÉ)

Nº 598,
DIMANCHE 22
JUILLET 1900

使館區的守軍約四百五十餘人，有三挺機關槍和四門火砲。僅憑這點兵力，便能抵抗拳民數萬烏合之眾的進攻，因為清軍的正規軍未全力作戰。

在北京
被中國軍隊圍困的外國使團

A PÉKIN
Les Légations Européennes Assiégées Par Les Rebelles Chinois

《小日報》（插圖附加版）
LE PETIT JOURNAL（SUPPLÉMENT ILLUSTRÉ）

Nº 505,
DIMANCHE 17 JUIN 1900

一九〇〇年六月二十日德國駐華公使克林德被殺後，八國聯軍入侵，德國軍隊搗毀總理各國事務衙門，並大開殺戒。

總理各國事務衙門位於東城區東堂子衚衕 49 號，原為清大學士賽尚阿的府邸宅，一八六一年成為總理衙門辦公地址。同治年間，院內設「同文館」，主要是教八旗子弟學習外語，稱東所，這也是中國第一所外文學校。一八七五年，西院改建為出使各國大臣居住和接見各國使臣的西所。

中國事件
德國水兵燒毀總理衙門

ÉVÉNEMENTS DE CHINE
Les Marins Allemands Brûlent Le Tsung-Li-Yamen

《小日報》（插圖附加版）
LE PETIT JOURNAL（SUPPLÉMENT ILLUSTRÉ）

Nº 507,
DIMANCHE 5 AOÛT 1900

一九〇〇年七月，八國聯軍開始侵略中國天津和北京，趁此時機，沙俄看到這是侵略中國東北最好時機，於是出兵五路進犯東北三省。之後的多場戰役中，璦琿之戰是中國軍民打得最頑強，也最值得人們記住的戰鬥。

一九〇〇年七月十五日，俄軍企圖偷渡黑龍江，被璦琿守軍打回。接著俄軍接連製造了駭人聽聞的海蘭泡慘案和江東六十四屯慘案。隨後八月四日，俄軍出動萬餘人，從三個方面進攻璦琿城。城內守軍雖僅三千餘人卻抱定了與璦琿城共存亡的決心，城破後仍堅持巷戰。除守將鳳翔帶領部分人員撤退到璦琿城西南的北二龍和額雨爾山口阻擊俄軍外，城內一千五百餘名守軍全部戰死，無一投降。此戰俄軍死亡千餘人。

中國事件
清兵佔領俄國邊境

ÉVÉNEMENTS DE CHINE
Envahissement De La Frontière Russe Par Les Chinois

《小巴黎人報》（插圖文學附加版）
LE PETIT PARISIEN(SUPPLÉMENT LITTÉRAIRE ILLUSTRÉ)

N° 600,
DIMANCHE 5 AOÛT 1900

《小巴黎人報》描繪俄軍侵略東北的另一場景。

在滿洲
俄軍擊潰一支清朝砲兵隊

EN MANDCHOURIE
Capture dûne batterie chinoise par les Russes

《小日報》（插圖附加版）
LE PETIT JOURNAL（SUPPLÉMENT ILLUSTRÉ）

Nº 507,
DIMANCHE 5 AOÛT 1900

奉天教堂慘案即「朱家河慘案」，是義和團運動中發生的最大一場慘案。一九〇〇年七月，在接連發生一系列屠殺教民案件後，景州周圍七、八個縣的教民便逃到朱家河教堂避難，一時間朱家河村湧入了三千多人。

七月十七日，英勇的兩千多團民和被騙來的兩千多清軍包圍了朱家河村。兩千多義和團和兩千多清軍士兵包圍了朱家河村。清軍是聽了景州城裡的蔡氏兄弟的說辭，兩位兄弟一個是舉人，一個秀才。所以他們稱朱家河聚集了很多漢奸，騙來了過路的清軍將領陳澤霖。

一場毫無懸念的「戰鬥」於七月二十日結束，一共兩千五百多人遇難，僅五百人逃脫。

清軍將領陳澤霖發現殺死的大都是婦幼老弱，根本沒有甚麼漢奸，連外國人也只有兩個，異常氣憤，斷然拒絕了義和團請他幫助攻打下一個教堂的要求。

中國事件
滿洲奉天教堂慘案

ÉVÉNEMENTS DE CHINE
Massacre Dans L'église De Moukden En Mandchourie

《小巴黎人報》（插圖文學附加版）
LE PETIT PARISIEN(SUPPLÉMENT LITTÉRAIRE ILLUSTRÉ)

Nº 600,
DIMANCHE 5 AOÛT 1900

八國聯軍打進北京，起因於義和團拳民造亂，而拳民攻擊在大清的西洋人，其實是長期以來列強傳教士和本地民眾間所引發「教案」的延續和總爆發。

義和團在奉天屠殺清朝基督教徒

LES CHRÉTIENS CHINOIS MASSACRÉS A
MOUKDEN PAR LES BOXEURS

《小巴黎人報》（插圖文學附加版）
LE PETIT PARISIEN(SUPPLÉMENT LITTÉRAIRE ILLUSTRÉ)

N°601,
DIMANCHE 12 AOÛT 1900.

波狄艾（Édouard Pottier, 1839-1903），一九〇〇年八月一日被任命為法國遠東艦隊的總司令，於羅什福爾（Rochefort）出發前往中國。

告別清朝地區海軍總司令 — 波狄艾海軍上將

LES ADIEUX DE L'AMIRAL POTTIER,
COMMANDANT EN CHEF DES FORCES
NAVALES EN CHINE

JOURNAL HUMORISTIQUE PARAISSANT LE SAMEDI

Un an : Paris, 8 fr.
Départements, 9 fr. Etranger, 11 fr.
Six mois : France, 5 fr. Etranger, 6 fr.

M. Félix JUVEN, Directeur. — Partie artistique : M. Arsène ALEXANDRE
La reproduction des dessins du RIRE est absolument interdite aux publications, françaises ou étrangères, sans autorisation

122, rue Réaumur, 122
PARIS
Les manuscrits et dessins non inseres ne sont pas rendus.

1900 年 8 月 18 日
第 302 期 發行第 6 年

《笑報》（每週六發行的幽默報刊）

LE RIRE(JOURNAL HUMORISTIQUE PARAISSANT LE SAMEDI)

Nº302,
6e année. 18 AOÛT 1900.

戴著瓜皮帽的李鴻章，垂垂老矣，目光昏眊，而且手無寸鐵，面對著列強的克魯伯、馬克沁大砲，儼然無計可施。

直隸總督李鴻章 **LI-HUNG-CHANG, vice-roi du Petchili.**

《小巴黎人報》（插圖文學附加版）
LE PETIT PARISIEN(SUPPLÉMENT LITTÉRAIRE ILLUSTRÉ)

Nº 602,
DIMANCHE 19 AOÛT 1900

甲午戰爭後，由於綠營軍和防練軍都不可靠，清廷決定進行軍制改革。一八九四年底，為加強陸軍力量，下令「習洋鎗，學西法」，由湖廣總督張之洞、直隸提督聶士成、溫處道袁世凱等創立新式陸軍。採用募兵制，在體格、嗜好及文化程度上皆有嚴格規定。

在中國
徵兵入伍

ÉVÉNEMENTS DE CHINE
L'enrôlement Dans L'armée

《小日報》（插圖附加版）
LE PETIT JOURNAL（SUPPLÉMENT ILLUSTRÉ）

N° 510,
DIMANCHE 26 AOÛT 1900

法國的軍隊編組完畢，在港口登船，民眾夾道歡送。

軍隊萬歲！！！
馬賽的部隊啟程前往大清國

VIVE L'ARMÉE !!!
Départ des troupes de Marseille pour la Chine

《小巴黎人報》（插圖文學附加版）
LE PETIT PARISIEN(SUPPLÉMENT LITTÉRAIRE ILLUSTRÉ)

Nᵒ 604,
DIMANCHE 2 SEPTEMBRE
1900

八月十日，清軍在京師外圍的通州與聯軍決戰，大敗，統兵官李秉衡自殺。

八國聯軍向北京進軍　　MARCHE DES ALLIÉS SUR PÉKIN

1900 年 9 月 2 日 星期日
第 604 期
《小巴黎人報》（插圖文學附加版）
LE PETIT PARISIEN(SUPPLÉMENT LITTÉRAIRE ILLUSTRÉ)
N° 604,
DIMANCHE 2 SEPTEMBRE
1900

在大沽
聯軍艦隊被冰雪封住

A TAKOU
Les Navires Des Alliés Pris Dans Les Glaces

第 36 期 發行第 3 年

《多姆山導報》（周日插圖附加版）
LE MONITEUR DU PUY-DE-DOME (SUPPLÉMENT ILLUSTRÉ DU DIMANCE)

N° 36,
Troisième Année, DIMANCHE
9 SEPTEMBRE 1900.

聯軍直驅北京，八月十四日上午十一時許，美軍第九步兵團將星條國旗插上北京外城的城牆。

北京失陷
八國聯軍的旗幟在皇宮城門上方飄揚

LA PRISE DE PÉKIN
Les Drapeaux Des Puissances Alliées Flottant Sur La Porte Du Palais Impérial.

第 512 期　　　LE PETIT JOURNAL（SUPPLÉMENT ILLUSTRÉ）　　　DIMANCHE 9 SEPTEMBRE 1900

八月十四日下午二時，英軍（印度錫克族兵團）由廣渠門攻入北京，救出受困使團。

中國事件
被解放的使團

ÉVÉNEMENTS DE CHINE
Les Légations Délivrées

第 37 期 發行第 3 年

《多姆山導報》（周日插圖附加版）
LE MONITEUR DU PUY-DE-DOME (SUPPLÉMENT ILLUSTRÉ DU DIMANCE)

Nᵒ 37,
Troisième Année, DIMANCHE
16 SEPTEMBRE 1900.

八國聯軍最後攻入北京使館區，戰勝中國軍隊。使館區呈現一片斷垣殘壁的景象，挑著扁擔的小販帶著孩子，向外國士兵兜售瓜果。

聯軍攻入北京後的使館區

LA RUE DES LÉGATIONS, À PÉKIN, APRÈS
L'ENTRÉE DES TROUPES ALLIÉES

第 516 期　　　　　　　　LE PETIT JOURNAL（SUPPLÉMENT ILLUSTRÉ）　　DIMANCHE 7 OCTOBRE 1900

華倫將軍（Emile-Jean-François-Régis VOYRON, 1838-1921），曾參與普法戰爭，一九〇〇年八月四日被任命為中國遠征軍的總司令。一九〇一年在平息義和團之後，由上海回國。

在上海
華倫將軍檢閱法國軍隊

LE GÉNÉRAL
Voyron Passant En Revue Le Détachement Français

《小巴黎人報》（插圖附加版）
LE PETIT PARISIEN（SUPPLÉMENT ILLUSTRÉ）

Nº 609,
DIMANCHE 7 OCTOBRE 1900

依據《小巴黎人報》的報導，這場在北京召開的聯軍領袖會議，參與的有法、俄、日、美、英等國。

在北京
聯軍首領會議

A PÉKIN
Un Conseil Des Chefs Alliés

《小日報》（插圖附加版）
LE PETIT JOURNAL（SUPPLÉMENT ILLUSTRÉ）

Nᵒ 517,
DIMANCHE 14 OCTOBRE 1900

八月十五日清晨六點，慈禧攜帶光緒等人西逃，全國陷入無主狀態。地方勢力代表李鴻章、張之洞、劉坤一等人積極聯絡東南各省督撫，同外國駐上海領事訂立《東南互保章程》九條。規定上海租界由各國共同「保護」，長江及蘇杭內地治安秩序由各省督撫負責，形成了所謂的「東南聯保」。各地督撫都聯繫不到中央，誤以為慈禧光緒已死，於是決定共同推舉李鴻章出任中國「總統」以主持大局。外有列強支持，內有封疆大吏擁護，李鴻章當時也覺得可行。唐德剛《袁氏當國》有記載：「八國聯軍時帝后兩宮西狩，消息杳然，東南無主之時，當地督撫便曾有意自組美國式的共和政府，選李鴻章為總統，李亦有意擔任，後因兩宮又在西安出現乃作罷。」

中國事件
李鴻章與隨行的俄日部隊

ÉVÉNEMENTS DE CHINE
Li-Hung-Chang Escorté Par Les Troupes Russes Et Japonaises

第 41 期 發行第 3 年

《多姆山導報》（周日插圖附加版）
LE MONITEUR DU PUY-DE-DOME
(SUPPLÉMENT ILLUSTRÉ DU DIMANCE)

N° 41,
Troisième Année, DIMANCHE 14
OCTOBRE 1900.

一月二十四日，慈禧立端王載漪的兒子溥儁為大阿哥，作為光緒的接班人選。可以說這完全是因為孩子的母親——端王的福晉。她是西太后親弟弟桂祥的女兒，西太后的內姪女。端王跟眾多紈絝一樣，喜愛廣泛，譚鑫培和孫菊仙便是家中常客，泥人張也被請到府上教他捏泥人。端王還喜歡武術，家裡養了很多武林高手教自己武術。

就是這樣一個藝術坏子父以子貴，在庚子年做出一件件影響歷史的大事。利用義和團滅洋，是他力主的。進攻使館，也是他的主意，而且由他親自主持。就是在八國聯軍快要攻進北京的時候，端王爺竟然矯詔調來新建陸軍的重砲，想要轟平使館。

自然八國聯軍的處罰名單上少不了這爺倆，一九〇二年父子兩人被流放新疆。一九一七年，借張勳復辟之機，載漪重獲自由，直至一九二二年去世。

清朝端王爺的畫像　　PORTRAIT DU PRINCE TUAN

《小巴黎人報》（插圖文學附加版）
LE PETIT PARISIEN(SUPPLÉMENT LITTÉRAIRE ILLUSTRÉ)

Nº 612,
DIMANCHE 28 OCTOBRE
1900

廷雍，正紅旗人，官至直隸總督，以支持義和團嫌疑被八國聯軍殺於保定，是八國聯軍所殺級別最高的中國官員。六月在清廷明確表示支持義和團後，對義和團持扶持態度的廷雍調任直隸布政使。一時間直隸省的很多教堂被毀，傳教士被殺，保定尤為嚴重。包括北關教堂的美北長老會傳教士，南關教堂的畢得經牧師等美國公理會傳教士，以及在保定的英國內地會傳教士及其子女被殺共二十三人，同時中國教徒也有一百多人被害。屠殺在六月三十日和七月一日（農曆六月四、五日）兩天進行，地點在保定南城外鳳凰台。為了不使基督徒和傳教士逃脫，廷雍下令緊閉城門，並派兵把守。

因此，八國聯軍攻進保定後，第一件事就是立即把沈家本（保定知府）、廷雍（直隸布政使，一度護理直隸總督）、奎恆（城守尉）、王占魁（統帶營官）拘留。很快又將廷雍三人處決。沈家本則被一直軟禁長達四個月，《和議大綱》告成才釋放。

前往保定府

EN ROUTE VERS PAO-TING-FOU

《小日報》（插圖附加版）
LE PETIT JOURNAL（SUPPLÉMENT ILLUSTRÉ）

Nº 520,
DIMANCHE 4 NOVEMBRE 1900

八國聯軍裡，俄、法、德三國最為殘暴：占領區內，寶物一車車運往天津港埠，女子一個個被姦淫，男丁則慘遭虐殺；若干傳教士甚至鼓吹「以（中國）人頭換（被殺害的西方）人頭」，暴虐缺德的程度，和他們要懲罰的義和團並沒有差別。

中國事件
掛在牆上的 14 顆拳民頭顱

ÉVÉNEMENTS DE CHINE
Quatorze Têtes De Boxers Aux Murs De Tchio-Tchao

第 521 期　　　　　　LE PETIT JOURNAL（SUPPLÉMENT ILLUSTRÉ）　DIMANCHE 11 NOVEMBRE 1900

法軍抵達中國，往京師進發，前往北京近郊的保定、解救歐洲僑民與基督教徒。

中國事件
被法軍從保定府解救出來的歐洲人

ÉVÉNEMENTS DE CHINE
Européens Délivrés Par Le Détachement Français À Pao-Ting-Fou

LE PETIT PROVENÇAL

ABONNEMENTS

SIX MOIS UN AN Supplément illustré paraissant le Samedi

France, Algérie, Tunisie 2 f. » 3 f. 50
Étranger (Union postale) 2 f. 50 5 f.

HUIT Pages : CINQ centimes

ANNONCES

Pour la publicité s'adresser
A Marseille, 75, Rue de la Darse
A Paris, 8, place de la Bourse,
à l'Agence Havas

1900 年 11 月 18 日 星期日
第 46 期

《小普羅旺斯人》（週六發行插圖附加版）
LE PETIT PROVENÇAL(SUPPLÉMENT ILLUSTRÉ PARAISSANT
LE SAMEDI)

Nº 46,
DIMANCHE 18

遠征保定府
法軍前鋒隊在一個中國村莊升起旗幟

L'EXPÉDITION DE PAO-TING-FOU
La Colonne Française D'avant-Garde Hissant Le Drapeau Dans Un Village Chinois

第 523 期

《小日報》（插圖附加版）
LE PETIT JOURNAL（SUPPLÉMENT ILLUSTRÉ）

N° 523,
DIMANCHE 25 NOVEMBRE 1900

一九〇〇年四月十四月至十一月十二日，第十一屆世界博覽會在巴黎舉辦。共有五十八個國家參展這個主題「新世紀發展」的世博會。會議重點展示了西方社會十九世紀的技術成就，還有移動人行道和地下地道，但來自英法殖民地帶有異域風情的小玩意顯然更受歡迎。以往歷屆博覽會均有中國館展示，但是中國人第一次自己派人員參加的世界博覽會為一八七六年費城世博會。而駐英國公使郭嵩燾由於率員參加了一八七八年巴黎世博會開幕式，成為清代中國參加世博會的第一位高官。

清末最後半世紀的政治史，其實就是慈禧的執政史。無論皇帝是誰，她都是實質上的元首。這一點連《小日報》也看得出來。這幅一九〇〇年世界博覽會中國館的宣傳畫，圖右上角的中國元首不是光緒皇帝，而是慈禧這位「聖母皇太后」！

1900 年的展覽
中國樓宇

EXPOSITION DE 1900
Pavillon De La Chine

1900 年 12 月 23 日 星期日
第 620 期
《小巴黎人報》（插圖文學附加版）
LE PETIT PARISIEN(SUPPLÉMENT LITTÉRAIRE ILLUSTRÉ)
Nº 620,
DIMANCHE 23 DÉCEMBRE
1900

在清朝
一個駐紮在皇家陵墓旁邊的法軍營地

EN CHINE
Un Campement français près des Tombeaux des Empereurs

LA GUERRE DE CHINE
SERIE INSTRUCTIVE RECOMMANDEE POUR LES ECOLES
Appartenant à
Cahier d
N°. 10
PRISE DE LA VILLE CHINOISE DE TIEN-TSIN (14 juillet 1900)
Après deux jours d'une lutte acharnée, où Français et Russes se distinguent,
les alliés prennent d'assaut la ville chinoise de Tien-Tsin

（法國）學校推薦系列教材——天津之役

（法國）學校推薦系列教材——清軍與俄軍在天津作戰

（法國）學校推薦系列教材——聯軍攻佔天津

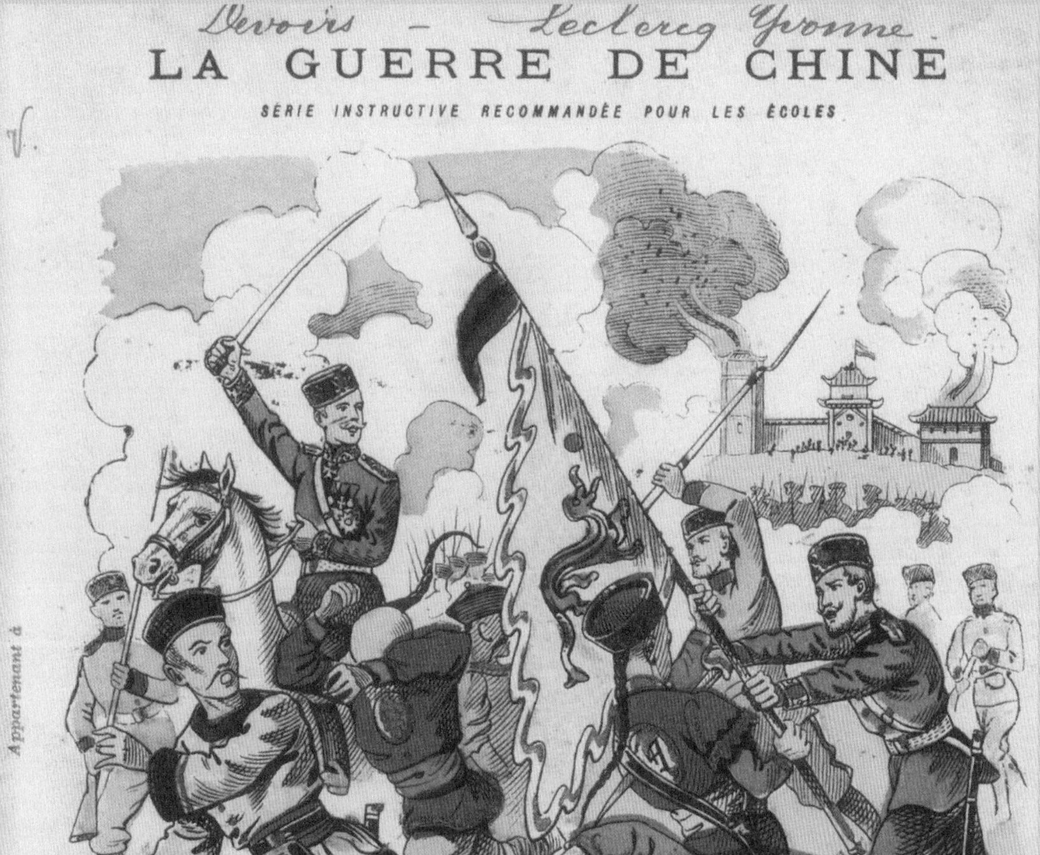

（法國）學校推薦系列教材——蠻橫的俄軍

LA GUERRE DE CHINE
SÉRIE INSTRUCTIVE RECOMMANDÉE POUR LES ÉCOLES
Appartenant à
Cahier d
Nº 4
Général
Cavalier tartare portant l'Etendard Vert
Officier d'infanterie
Infanterie régulière
Officier d'etat-major en costume de mandarin
Artillerie
Troupes chinoises allant prendre position devant Pékin

（法國）學校推薦系列教材——清軍的編制

LA GUERRE DE CHINE
SÉRIE INSTRUCTIVE RECOMMANDÉE POUR LES ÉCOLES
Appartenant a
Cahier d
N°. 9
INVASION DU TERRITOIRE RUSSE PAR LES CHINOIS
Sans qu'aucune cause ne justifiât leur attaque inattendue
les Chinois envahissent la Sibérie et égorgent les gardes-frontière (14 juillet 1900)

（法國）學校推薦系列教材——清軍攻打俄租界

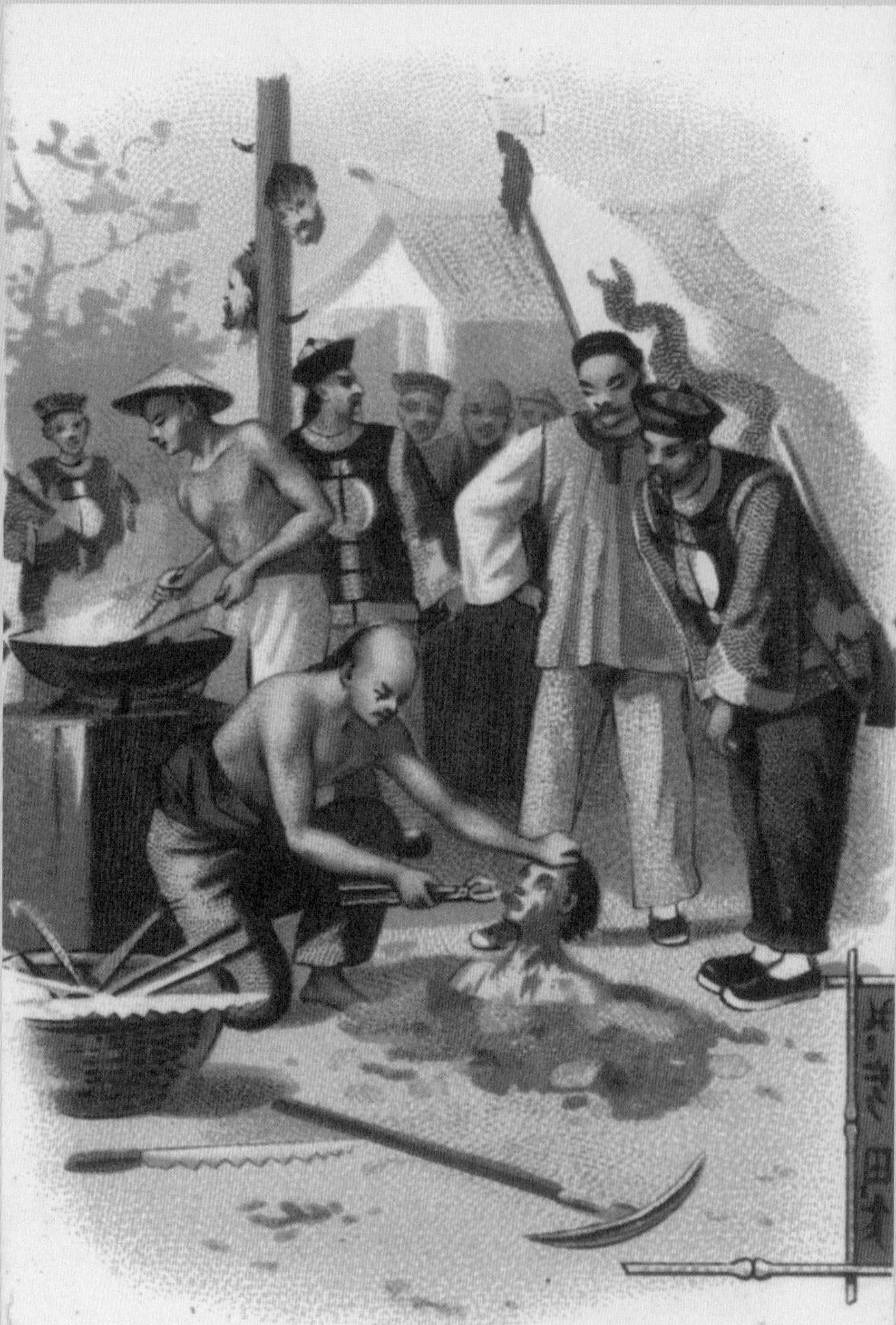
Les Martyrs de Ouaï (Petchili) 11 Août 1900.

20世紀初法國一家巧克力公司發行了一套以庚子事變為主題的卡片。

北直隸的烈士們（1900年8月11日）

Exécution de membres du Tsong-Li-Yamen
(13 Août 1900)

20世紀初法國一家巧克力公司發行了一套以庚子事變為主題的卡片。

處決總理衙門的幾位成員（1900年8月13日）

20世紀初法國一家巧克力公司發行了一套以庚子事變為主題的卡片。

張家灣戰役（1900年8月12日）

Combat de Dachiraï (9 Août 1900)

20世紀初法國一家巧克力公司發行了一套以庚子事變為主題的卡片。
攻城掠地的俄軍（1900年8月9日）

八國聯軍佔領北京（1900年8月15日）

從左至右：英軍、美軍、法軍、清正規軍、俄軍、義和團。

在清朝 俄軍與英軍的小衝突

EN CHINE

清朝太后 在一幅中國畫後面，由史蒂芬．里德（Stephen Reid）所繪

Le Petit Journal
CHAQUE JOUR 5 CENTIMES
Le Supplément illustré
CHAQUE SEMAINE 5 CENTIMES

SUPPLÉMENT ILLUSTRÉ
Huit pages : CINQ centimes

ABONNEMENTS

	SIX MOIS	UN AN
SEINE ET SEINE-ET-OISE	2 fr.	3 fr. 50
DÉPARTEMENTS	2 fr.	4 fr.
ÉTRANGER	2 50	5 fr.

Douzième année — DIMANCHE 6 JANVIER 1901 — Numéro 529

1901年1月6日 星期日
第529期

《小日報》（插圖附加版）
LE PETIT JOURNAL（SUPPLÉMENT ILLUSTRÉ）

N° 529,
DIMANCHE 6
JANVIER 1901

年度事件

八月二十九日，清政府下令廢除武科科舉考試
九月七日，《辛丑條約》簽訂
九月二十四日，清政府與日本簽訂《重慶日本租借協議書》
十一月七日，李鴻章逝世

樊國梁，庚子拳亂時期北京西什庫教堂（北堂）主教，率領教徒多次擊退義和團對西什庫教堂的進攻，並向聯軍提供一批教士和教徒充當翻譯。戰後列出教會受損清單迫使清政府增加賠款白銀一百五十萬兩。著有《燕京開教略》等書。

中國事件
北京教區主教樊國梁

ÉVÉNEMENTS DE CHINE
Mgr Favier, Évêque De Pékin

《小日報》（插圖附加版）
LE PETIT JOURNAL（SUPPLÉMENT ILLUSTRÉ）

Nº 530,
DIMANCHE 13 JANVIER 1901

法國軍隊攻入北京，戰勝中國軍隊。

中國事件
法軍戰勝

ÉVÉNEMENTS DE CHINE
Une Victoire Française

《小巴黎人報》（插圖文學附加版）
LE PETIT PARISIEN(SUPPLÉMENT LITTÉRAIRE ILLUSTRÉ)

N°623,
DIMANCHE 13
JANVIER 1901

《小巴黎人報》的報導：孔塔爾中尉，隸屬海軍陸戰第十六軍團，因頭部中彈而亡。

在清朝
孔塔爾中尉陣亡

EN CHINE
Mort Du Lieutenant Contal

第 531 期　　　　　　　LE PETIT JOURNAL（SUPPLÉMENT ILLUSTRÉ）　　DIMANCHE 20 JANVIER 1901

聯軍監督清廷處斬肇事禍首，突顯出兵中國是一場正義之戰。

中國事件
保定府的處決

ÉVÉNEMENTS DE CHINE
Exécution À Pao-Tin-Fou

《小巴黎人報》（插圖文學附加版）
LE PETIT PARISIEN(SUPPLÉMENT LITTÉRAIRE ILLUSTRÉ)

Nᵒ 624,
DIMANCHE 20 JANVIER
1901

《小巴黎人報》描繪清廷處斬肇事禍首的另一種場景。

中國的新一輪處決 **LES DERNIÈRES EXÉCUTIONS EN CHINE**

西苑（今中南海）儀鑾殿，於光緒十四年一八八八年竣工，慈禧常居住於此。一九〇〇年，八國聯軍入侵，儀鑾殿成了聯軍司令瓦德西的住所。一九〇一年儀鑾殿起大火，成為一片廢墟。慈禧從西安回京後，在儀鑾殿舊址建成一座洋樓，名叫海晏堂，同時又在海晏堂的西北方修建一座新的儀鑾殿，即後來的懷仁堂。民國後中南海成為總統府，海晏堂改名為居仁堂，成為袁世凱的辦公場所。

中國事件
太后寢宮失火—— 馬爾尚上校指揮救援

ÉVÉNEMENTS DE CHINE
Incendie Du Palais De L'impératrice. – Le Colonel Marchand Dirigeant Les Secours

《小巴黎人報》（插圖文學附加版）
LE PETIT PARISIEN(SUPPLÉMENT LITTÉRAIRE ILLUSTRÉ)

Nº 639,
DIMANCHE 5 MAI 1901

八國聯軍占領京城長達十三個月，採取報復性的燒殺搶擄，紫禁城內也大火沖天。

在中國
皇宮大火

EN CHINE
Incendie Du Palais D'hiver

朱阿夫團，也叫祖阿夫團，即法國佔領阿爾及利亞後，為了對付阿爾及利亞的游擊隊而專門招募的當地阿拉伯人，不過由於祖阿夫兵叛逃和加入叛軍的越來越多，法國只好招募法國人補充軍隊。

戰事平息後，若干部隊撤回。朱阿夫兵團也自天津徹離。

中國事件
撤離天津的朱阿夫兵團

ÉVÉNEMENTS DE CHINE
Les Zouaves Rapatriés Quittant Tien-Tsin

《小日報》（插圖附加版）
LE PETIT JOURNAL（SUPPLÉMENT ILLUSTRÉ）

Nº 574,
DIMANCHE 17 NOVEMBRE 1901

戰事平息後，榮軍回到法國的遊行。

巴黎榮軍院又名「巴黎殘老軍人院」。一六七〇年二月二十四日路易十四下令興建一座用來安置傷殘軍人的建築，從此榮軍院「應旨而生」。至今，這座榮軍院依舊行使著安置傷殘軍人的功能。不過同時它也是多個博物館的所在地。法蘭西帝國始皇帝拿破崙一世的墓就在這裡。

榮軍院的馬達加斯加國旗和中國派遣軍團軍旗　LES DRAPEAUX DE MADAGASCAR ET DE CHINE AUX INVALIDES

《小日報》（插圖附加版）
LE PETIT JOURNAL（SUPPLÉMENT ILLUSTRÉ）

Nº 580,
DIMANCHE 29 DÉCEMBRE 1901

《小日報》裡其他國家士兵的形象，沒有法軍那樣正面，聯軍既到處燒殺，內部也軍紀不肅，彼此喋血火併。

在天津
德軍與英軍印度錫克兵衝突

A TIEN-TSIN
Rixe Entre Allemands Et Auxiliaires Anglais

1901年法國教科書中的大清軍官

1901 年法國教科書中的義和團士兵

1901 年法國教科書上洋人與大清軍官的交流

Le Petit Journal
CHAQUE JOUR 5 CENTIMES
Le Supplément illustré
CHAQUE SEMAINE 5 CENTIMES

SUPPLÉMENT ILLUSTRÉ
Huit pages : CINQ centimes

ABONNEMENTS

	SIX MOIS	UN AN
SEINE ET SEINE-ET-OISE	2 fr.	3 fr. 50
DÉPARTEMENTS	2 fr.	4 fr.
ETRANGER	2 50	5 fr.

Treizième année — DIMANCHE 9 MARS 1902 — Numéro 590

1902 年 3 月 9 日 星期日
第 590 期

《小日報》（插圖附加版）
LE PETIT JOURNAL（SUPPLÉMENT ILLUSTRÉ）

N° 590,
DIMANCHE 9 MARS 1902.

年度事件

京師大學堂師範館成立
一月八日，慈禧太后和光緒帝回到北京
一月十八日，慈禧太后第一次公開露面，召見各國駐華使節
二月一日，清廷准許漢滿通婚
四月八日，中俄簽署《交收東三省條約》
五月八日，英國人李提摩太和山西巡撫岑春煊共同創辦山西大學堂（今山西大學的前身）
十一月二十四日，袁世凱創立北洋軍醫學堂

馬爾尚上校回國 RETOUR DU COLONEL MARCHAND

第 594 期

《小日報》（插圖附加版）
LE PETIT JOURNAL（SUPPLÉMENT ILLUSTRÉ）

Nᵒ 594,
DIMANCHE, 6 AVRIL 1902

中國淪為一只精緻的瓷盤（china），任人擺布爭奪。

在中國
法蘭西與俄羅斯——別太心急！我們還在這兒呢

EN CHINE
La France Et La Russie – Pas Si Vite ! Nous Sommes Là

Le Petit Journal
CHAQUE JOUR — SIX PAGES — 5 CENTIMES
Le Supplément illustré
CHAQUE SEMAINE 5 CENTIMES

5 Centimes SUPPLÉMENT ILLUSTRÉ 5 Centimes
Huit pages
L'AGRICULTURE MODERNE, 5 cent. —*— La Mode du Petit Journal, 10 cent.

ABONNEMENTS

	SIX MOIS	UN AN
SEINE ET SEINE-ET-OISE	2 fr.	3 fr. 50
DÉPARTEMENTS	2 fr.	4 fr.
ÉTRANGER	2 50	5 fr.

Quatorzième année DIMANCHE 5 JUILLET 1903 Numéro 659

1903年7月5日 星期日
第659期

《小日報》（插圖附加版）
LE PETIT JOURNAL（SUPPLÉMENT ILLUSTRÉ）

Nº 659,
DIMANCHE 5 JUILLET 1903

年度事件

清政府公佈《獎勵公司章程》二〇條，鼓勵經營工商業

四月八日，中俄《東三省交收條約》到期，俄不但不退反增兵八百多人重新佔領營口

四月二十九日，留日學生組成拒俄義勇隊

六月十二日，梁啟超在華盛頓會晤美國總統羅斯福

六月二十九日，清政府逮捕章炳麟，查封《蘇報》，史稱「蘇報案」

十二月十三日，英軍大舉入侵西藏

又一種惡習
法國的鴉片煙館

UN VICE NOUVEAU
Les Fumeries Dòpium En France

1904年1月31日 星期日
第689期

遠東事件
俄國騎兵前往滿洲

《小日報》（插圖附加版）

LE PETIT JOURNAL（SUPPLÉMENT ILLUSTRÉ）

DIMANCHE 31 JANVIER 1904　N° 689,

LES ÉVÉNEMENTS LES ÉVÉNEMENTS D'EXTRÊME-ORIENT
Cavalerie Russe Se Rendant En Mandchourie

第 692 期

《小日報》（插圖附加版）
LE PETIT JOURNAL（SUPPLÉMENT ILLUSTRÉ）

Nº 692,
DIMANCHE 21 FÉVRIER 1904

年度事件

一月十三日，日本向俄羅斯發出最後通牒

二月六日，日俄戰爭在中國東北地區爆發

五月二十一日，《蘇報》案結案

九月七日，英國迫使清朝簽署《拉薩條約》

十月十七日，張伯苓創辦天津南開中學

旅順港之戰

8 FÉVRIER 1904.-OUVERTURE DES HOSTILITÉS
ENTRE LA RUSSIE ET LE JAPON ET LE JAPON
Un Coup Force Des Torpilleurs Japonais Contre L'escadre à
Russea Port-Arthur

1904年2月14日星期日
第691期

N° 691,
DIMANCHE 14 FÉVRIER 1904

攻佔西藏
英國軍官與西藏人的會晤

LA CONQUÊTE DU THIBET
Entrevue D'officiers Anglais Avec Les Thibétains

1904年3月6日星期日
第694期

《小日報》（插圖附加版）
LE PETIT JOURNAL（SUPPLÉMENT ILLUSTRÉ）
N° 694, DIMANCHE 6 MARS 1904

中國的新一輪屠殺
慈禧太后向皇帝展示親俄罪臣被砍下的頭顱

NOUVEAU MASSACRE EN CHINE
L'impératrice Douairière Présente À L'empereur Les Têtes Des Mandarins Accusés D'avoir Favorisé Les Intérêts Russes

Le Petit Journal
CHAQUE JOUR — SIX PAGES — 5 CENTIMES
Le Supplément illustré
CHAQUE SEMAINE 5 CENTIMES

5 Centimes SUPPLÉMENT ILLUSTRÉ 5 Centimes

Le Petit Journal QUOTIDIEN, 5 cent. | Le Petit Journal militaire, maritime, colonial, 10 c.
L'AGRICULTURE MODERNE, 5 cent. | La Mode du Petit Journal, 10 cent.
On s'abonne sans frais dans tous les bureaux de poste

ABONNEMENTS

	SIX MOIS	UN AN
SEINE ET SEINE-ET-OISE	2 fr.	3 fr. 50
DÉPARTEMENTS	2 fr.	4 fr.
ÉTRANGER	2 50	5 fr.

Quinzième année — DIMANCHE 27 MARS 1904 — Numéro 697

1904 年 3 月 27 日星期日
第 697 期

《小日報》（插圖附加版）
LE PETIT JOURNAL（SUPPLÉMENT ILLUSTRÉ）

N°697,
DIMANCHE 27 MARS 1904

一九〇四年二月八日，日本不宣而戰，偷襲旅順港的俄國海軍艦隊。隔天，俄國對日本宣戰。

開砲
旅順港保衛戰

LA DÉFENSE
De Port-Arthur

1904年3月27日星期日
第697期

N°697, DIMANCHE 27 MARS 1904

《小日報》（插圖附加版）

LE PETIT JOURNAL（SUPPLÉMENT ILLUSTRÉ）

狩獵

（俄）哥薩克騎兵進入朝鮮村莊

EN MARAUDE

Cosaques Visitant Un Village Coréen

1904年4月10日星期日
第699期

遠東事件

滑雪運送俄羅斯傷病員

《小日報》

LE PETIT JOURNAL

N°699, DIMANCHE10 AVRIL 1904

ÉVÉNEMENTS D'EXTRÊME-ORIENT

Transport De Malades Et De Blessés Russes Sur Des Skis

1904 年 4 月 22 日
第 288 期 發行第 7 年

《生活畫刊》（週刊）
LA VIE ILLUSTRÉE (Journal hebdomadaire)

N° 288,
Septième Année, 22 AVRIL 1904

La Vie Illustrée
Journal Hebdomadaire
En Mandchourie : Chinois et Russes

在滿洲
中國人和俄國人

EN MANDCHOURIE
Chinois et Russes.

1904年7月24日星期日
第807期

滿洲的雨季
日本砲兵部隊正在穿越一個峽谷

《小巴黎人報》（插圖文學附加版）
LE PETIT PARISIEN(SUPPLÉMENT LITTÉRAIRE ILLUSTRÉ)

DIMANCHE 24 JUILLET 1904　N° 807.

LA SAISON DES PLUIES EN MANDCHOURIE
Artillerie Japonaise Franchissant Un Défilé

第 715 期　　　LE PETIT JOURNAL（SUPPLÉMENT ILLUSTRÉ）　　　DIMANCHE 31 JUILLET 1904

八國聯軍之後，各國留下了部份軍力守衛使館和維護治安。山海關附近的日法兩國駐軍，由於法國士兵無法忍受日軍的氣焰囂張，遂引發鬥毆。這次衝突造成十人死亡（日本七人和法國三人）和十七人受傷（日本十二人和法國五人）。法國軍官和日本後來採取了嚴厲的措施，以防止今後發生類似的衝突。

在中國
日法士兵間的血腥衝突

EN CHINE SANGLANTE
Querelle Entre Soldats Français Et
Japonais

《小日報》（插圖附加版）
LE PETIT JOURNAL（SUPPLÉMENT ILLUSTRÉ）

Nº 718,
DIMANCHE, 21 AOÛT 1904

早在十八世紀中葉，好望角就出現了華工的面孔。一八四〇年後，英法等列強開始從中國「出口」勞動力。他們被稱為「苦力」（英文「coolie」的音譯）。至一九〇四年前後，契約華工（Indentured Labor）替代了苦力的稱呼，但實質並未發生改變。一九〇四年至一九〇六年，南非德蘭士瓦共招募了華工六萬三千八百一十一名。他們大多來自中國北方的山東、河北等省，由於義和團、日俄戰爭，再加上連年的飢荒，使得生存無望的六萬多名華工踏上了前往好望角的不歸路。

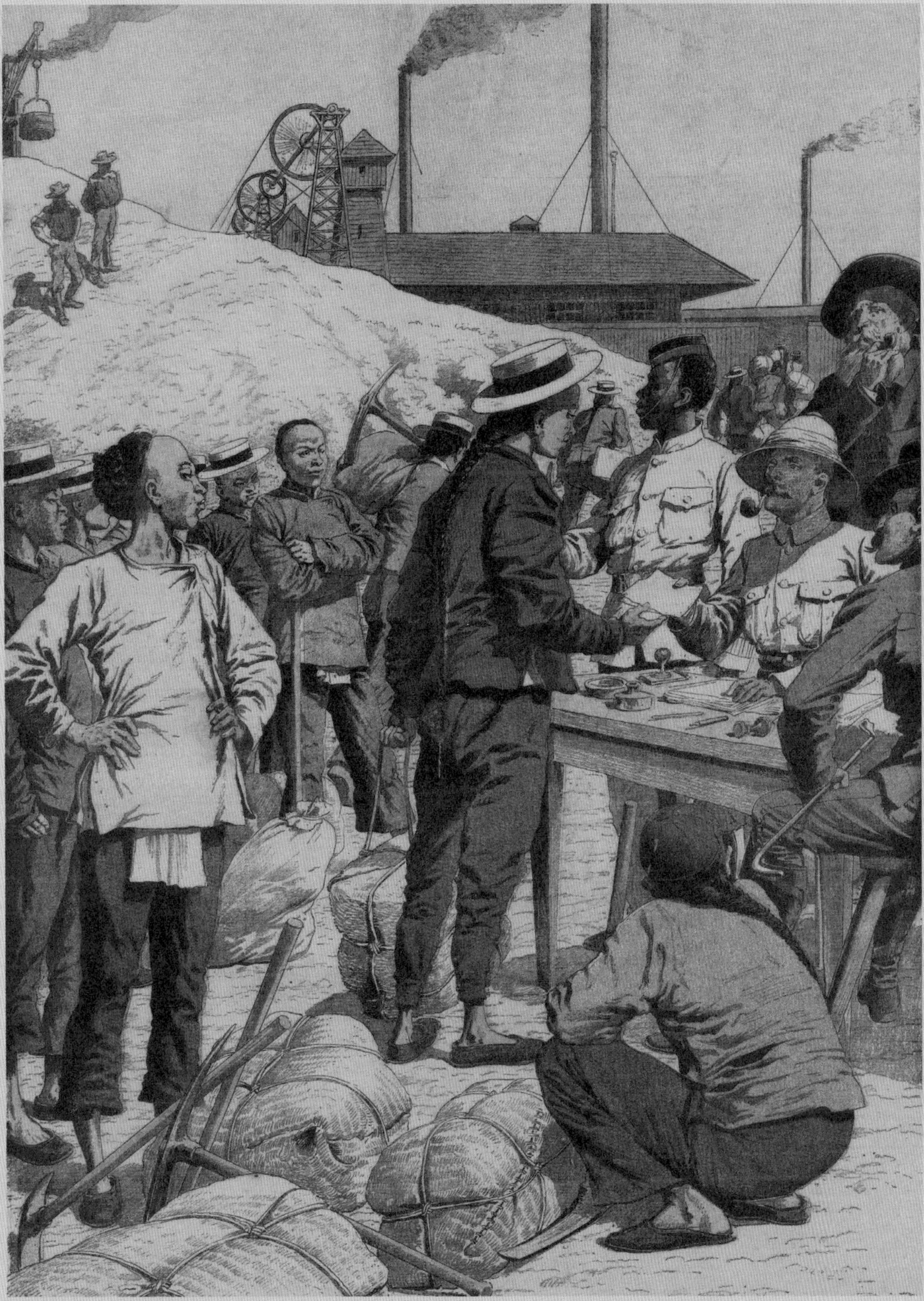

在南非
在礦場工作的中國勞工

DANS L'AFRIQUE DU SUD
Travailleurs Chinois S'engageant Dans Les Mines

《小日報》（插圖附加版）
LE PETIT JOURNAL（SUPPLÉMENT ILLUSTRÉ）

Nº 719, DIMANCHE 28
AOÛT 1904

日俄戰爭爆發後，俄國旅順艦隊一直待在旅順港內，以避免與日本聯合艦隊的主力決戰。

日本海軍則在旅順港口實行港外奇襲和旅順口閉塞作戰，甚至故意炸沉幾艘廢棄的商船與軍艦，以封鎖港口。但效果不佳，未能完成原定計畫，俄國艦隊仍然保存戰力。

八月十日，俄國旅順艦隊的海軍上將維特埃夫特（Wilgelm Vitgeft, 1847-1904），率領第一太平洋艦隊出港作戰，試圖衝出旅順港口，經過激烈的海戰，維特埃夫特被炮彈擊中身亡，突圍行動失敗。

旅順港日俄海軍大戰

LE COMBAT NAVAL AU LARGE DE PORT-ARTHUR
A bord du Cœsarevitch

1904 年 10 月 2 日星期日
第 724 期

《小日報》（插圖附加版）
LE PETIT JOURNAL（SUPPLÉMENT ILLUSTRÉ）

N°724,
DIMANCHE 2 OCTOBRE 1904

在滿洲
被汽車救起的俄國軍官

EN MANDCHOURIE
Officiers Russes Sauvés Par Une Automobile

1904年10月2日星期日
第724期

《小日報》（插圖附加版）
LE PETIT JOURNAL（SUPPLÉMENT ILLUSTRÉ）

N°724,
DIMANCHE 2 OCTOBRE 1904

奉天附近
日軍向俄軍戰壕發起進攻

AUTOUR DE MOUKDEN
Les Japonais Donnent L'assaut Aux Retranchements Russes

日本陸軍在四月三十日夜、五月一日凌晨強渡鴨綠江，攻擊位於旅順半島的俄軍陣地。俄軍在這裡已經營一段時間，構築了非常堅固的要塞式保壘，日軍強行攻堅，死傷非常慘重。其中，日軍以波段衝鋒強攻俄軍死守的第二〇三高地，雙方肉搏，死戰不退，殺得天昏地暗，屍骸枕籍，最是慘烈。據守旅順要塞的俄軍，因為彈盡援絕，被迫於一九〇五年一月初投降。

在旅順口
斯托賽爾將軍照料要塞傷員時在砲彈轟炸中負傷

À PORT-ARTHUR
La Générale Stoessel Blessée Par Un Éclat D'obus
En Soignant Des Victimes Du Siège

1904年10月16日星期日
第726期

滿洲邊境的清軍

馬元帥和他的部隊

《小日報》（插圖附加版）

LE PETIT JOURNAL（SUPPLÉMENT ILLUSTRÉ）

DIMANCHE 16 OCTOBRE 1904 N° 726.

L'ARMÉE CHINOISE AUX FRONTIÈRES DE MANDCHOURIE

Le Maréchal Ma Et Ses Troupes

李

《小日報》（插圖附加版）
LE PETIT JOURNAL（SUPPLÉMENT ILLUSTRÉ）

Nº 734,
DIMANCHE 11 DÉCEMBRE 1904

庫羅帕特金（Alexei Nikolayevich Kuropatkin, 1848-1925），俄羅斯帝國的戰爭大臣，早年為斯科別列夫將軍擔任步兵參謀長。一九〇四年四月的日俄戰爭期間，擔任俄軍遠東陸軍總司令，但他面對大山巖的日軍突襲，在作戰指揮上優柔寡斷，是導致俄軍戰敗的主因之一。一九〇五年三月的奉天會戰失敗後，被解除職務，由林涅維區繼任。

出現在滿洲的汽車
庫羅帕特金將軍乘車巡視俄羅斯戰線

L'AUTOMOBILE EN MANDCHOURIE
Le Général Kouropatkine Parcourt Les Lignes Russes En Automobile

1905年1月8日星期日
第738期

戰役中
《小日報》特派記者在滿洲觀察戰役情況

《小日報》（插圖附加版）
LE PETIT JOURNAL（SUPPLÉMENT ILLUSTRÉ）
DIMANCHE 8JANVIER 1905 N° 738.

PENDANT LA BATAILLE
L'envoyé Spécial Du Petit Journal En Mandchourie Suit Les Péripéties Du Combat

P.J

Le Petit Journal
CHAQUE JOUR — SIX PAGES — 5 CENTIMES
Administration: 61, rue Lafayette
Le Supplément illustré
CHAQUE SEMAINE 5 CENTIMES

5 Centimes **SUPPLÉMENT ILLUSTRÉ** 5 Centimes

Le Petit Journal militaire, maritime, colonial..... 10 cent.
Le Petit Journal agricole, 5 cent. ❋ **La Mode** du Petit Journal, 10 cent.
Le Petit Journal illustré de La Jeunesse..... 10 cent.
On s'abonne sans frais dans tous les bureaux de poste

ABONNEMENTS

	SIX MOIS	UN AN
SEINE ET SEINE-ET-OISE	2 fr.	3 fr. 50
DÉPARTEMENTS.........	2 fr.	4 fr.
ÉTRANGER.............	2 50	5 fr.

Les manuscrits ne sont pas rendus.

Seizième année — DIMANCHE 12 FÉVRIER 1905 — Numéro 743

1905 年 1 月 22 日 星期日
第 740 期

《小日報》（插圖附加版）
LE PETIT JOURNAL（SUPPLÉMENT ILLUSTRÉ）

Nº 740,
DIMANCHE 22 JANVIER 1905

年度事件

一月二日，被圍困一百五十七天後的旅順口俄軍向日軍投降

二月二十一日，奉天會戰拉開序幕，三月十日，日軍佔領奉天

五月二十七日，在對馬海峽海戰中俄國艦隊敗給日本艦隊

七月三十日，孫中山等在日本東京召開「同盟會」籌備會議

九月二日，科舉制被廢除

九月五日，《樸資茅斯和約》簽訂，日俄戰爭結束

九月二十四日，在北京正陽門車站，派出考察立憲的五大臣遭到自殺性炸彈襲擊

十二月二十二日，中日簽署《會議東三省事宜條約》

俄軍在奉天的陣地

DANS LES TRANCHÉES DEVANT MOUKDEN
Echange de bons procédés entre adversaires

《小日報》（插圖附加版）
LE PETIT JOURNAL（SUPPLÉMENT ILLUSTRÉ）

N°743,
DIMANCHE 12 FÉVRIER 1905

一九〇五年二月，二十五萬日軍與三十七萬俄軍在遼陽西北方開始會戰。日軍除了正面猛攻以外，還迂迴兩翼，從側翼包抄俄軍陣地。俄軍在兩翼投入總預備隊，向日軍發起反攻。

滿洲的冬天
一支俄國巡邏隊發現凍死的日本士兵

L'HIVER EN MANDCHOURIE
Une Patrouille Russe Découvre Des Soldats Japonais Morts De Froid

1905年3月19日 星期日
第748期
N° 748,
DIMANCHE 19 MARS 1905
《小日報》（插圖附加版）
LE PETIT JOURNAL（SUPPLÉMENT ILLUSTRÉ）

奉天大戰前夕俄將軍督戰

LA BATAILLE DE MOUKDEN
Le général kouropatkine donne ordre à ses troupes de batre en retraite

1905年3月26日 星期日
第749期

奉天大戰俄軍敗退

《小日報》（插圖附加版）
LE PETIT JOURNAL（SUPPLÉMENT ILLUSTRÉ）
N° 749,
DIMANCHE 26 MARS 1905

APRÈS LA GRANDE BATSILLE DE MOUKDEN

《小日報》（插圖附加版）
LE PETIT JOURNAL（SUPPLÉMENT ILLUSTRÉ）

Nº 750,
DIMANCHE 2 AVRIL 1905

林涅維區將軍（Nicolas Petrovitch Linevitch, 1839-1908），俄羅斯帝國陸軍將領。曾參與一九〇〇年的八國聯軍鎮壓義和團，被任命為西伯利亞第一軍團的指揮官。日俄戰爭爆發後，擔任俄羅斯滿洲軍的指揮官，直到一九〇四年三月十五日庫羅帕特金抵達為止。俄軍在奉天會戰中被日本打敗後，庫羅帕特金被解除職務，林涅維區繼任為遠東最高指揮官。

林涅維區將軍
滿洲的俄軍司令官

LE GÉNÉRAL LINIÉVITCH
Commandant En Chef Des Troupes Russes En Mandchourie

日軍頂住俄軍攻擊，成功切斷哈爾濱與奉天之間的聯絡，造成俄軍敗退。三月十日，日軍勝利進入奉天。

大山巖（1842-1916），明治和大正時期的九位元老之一，日本陸軍的創建者之一。中日甲午戰爭為佔領威海衛的日軍第二軍長，日俄戰爭時任日本滿洲軍總司令。

在滿洲
日軍元帥大山巖進入奉天

EN MANDCHOURIE
Entrée Du Maréchal Oyama À Moukden

第 753 期

《小日報》（插圖附加版）
LE PETIT JOURNAL（SUPPLÉMENT ILLUSTRÉ）

Nᵒ 753,
DIMANCHE 23 AVRIL 1905

日俄戰爭中雖然清政府官方宣佈中立，但是官員及民眾中卻不乏支持日本獲勝者。

日俄戰爭期間，日本使館副武官青木宣純（曾任北洋軍教官）與袁世凱面商日中聯合組織情報機構和收編東北「馬賊」諸事宜。袁從北洋軍中挑選數十名精幹士官組成了聯合偵探隊。這些軍官多畢業於保定陸軍速成學堂測繪科，故工作頗有成效，其中就有後來的直系軍閥首領吳佩孚。吳佩孚原為北洋督練公所參謀處軍官，參加日軍的諜報活動後，幾進幾出東北，有次被俄軍俘獲，但拒不招供，判死刑後跳車逃生，戰後晉升上尉軍銜，日軍授勳以資表彰。

孫中山更是在日本神戶的一次演講中說：「日俄一戰，日本便戰勝俄國。日本人戰勝俄國人，是亞洲民族在最近幾百年中頭一次戰勝歐洲人，這次戰爭的影響，便馬上傳達到全亞洲，亞洲全部的民族便驚天喜地，發生一個極大的希望。」（《孫中山全集》第十一卷第四〇二頁）

奉天地方的拒俄義勇軍、忠義軍（因在關鍵的遼陽首山戰役中立功，被日本天皇授予寶星勳章的馮麟閣、金萬福），以及留日學生發動的拒俄運動等亦可略見一斑。

日軍在滿洲的殘酷報復
處決被控親俄的清朝官員

CRUELLES REPRÉSAILLES DES JAPONAIS EN MANDCHOURIE Exécution De Fonctionnaires Chinois Accusés De Sympathie Pour Les Russes

1905年4月30日 星期日
第754期

日本偵查騎兵在哈爾濱遇襲

《小日報》（插圖附加版）
LE PETIT JOURNAL（SUPPLÉMENT ILLUSTRÉ）
DIMANCHE 30 AVRIL 1905 N° 754.

SUR LA ROUTE DE KHARBIN
Reconnaissance de cavalerie japonaise

1905年5月7日星期日
第755期

《小日報》（插圖附加版）

LE PETIT JOURNAL（SUPPLÉMENT ILLUSTRÉ）

N°755,
DIMANCHE 7 MAI 1905

ENVOI DE RENFORTS A L'ARMÉE RUSSE DE MANDCHOURIE

Un Wagon De Cavalerie Cosaque Sur Le Transsibérien

向滿洲的俄軍增派援軍

西伯利亞大鐵路上一節運送哥薩克騎兵的車廂

《小巴黎人報》（插圖文學附加版）

LE PETIT PARISIEN(SUPPLÉMENT LITTÉRAIRE ILLUSTRÉ)

1905 年 8 月 20 日星期日

第 863 期

N° 863,

DIMANCHE 20 AOÛT 1905

俄國與日本：交戰雙方的目前形勢

RUSSES ET JAPONAIS : POSITIONS ACTUELLES DES BELLIGÉRANTS

PAIX
NÉGOCIATIONS
ATTENTION AUX MINES
TOGO

TOUS LES VENDREDIS
Le Supplément illustré
5 Centimes

SUPPLÉMENT ILLUSTRÉ
Huit pages : CINQ centimes

TOUS LES JOURS
Le Petit Journal
5 Centimes

Deuxième Année | SAMEDI 19 DÉCEMBRE 1891 | Numéro 56

1906年5月20日星期日
第902期

《小巴黎人報》（插圖文學附加版）
LE PETIT PARISIEN(SUPPLÉMENT LITTÉRAIRE ILLUSTRÉ)

N° 902,
DIMANCHE 20 MAI 1906

年度事件

二月，日知會在武昌成立
四月二十七日，中英簽訂《中英續訂藏印條約》
九月一日，清廷頒布了《宣示預備立憲諭》
九月十八日，香港遭受颶風襲擊，死傷十餘萬人
十二月初，同盟會成立以後發動的第一次武裝起義萍瀏醴起義爆發

受清廷指派，戶部侍郎戴鴻慈、湖南巡撫端方於十二月二日離京啟程，前往美國、德國和奧地利考察。一九〇五年十二月十一日，鎮國公載澤、山東布政使尚其亨、順天府丞李盛鐸離京啟程前往日本、英國、法國和比利時等國考察西方政體。次年除李盛鐸留任駐比利時公使外，其他人陸續歸國，向慈禧陳述了立憲可使「皇位永固」、「外患漸輕」、「內亂可弭」。慈禧聽後決定採納施行。於是一九〇六年九月一日清政府宣佈實行「預備立憲」。

中國使團在巴黎
一名中國人站在市議會的主席台上

UNE MISSION CHINOISE
À Paris Un Chinois À La Tribune Du Conseil Municipal

1906年10月7日星期日
第922期

香港的恐怖颱風
數千人受害

《小巴黎人報》（插圖文學附加版）

LE PETIT PARISIEN(SUPPLÉMENT LITTÉRAIRE ILLUSTRÉ)

DIMANCHE 7 OCTOBRE 1906 N° 922.

TERRIBLE TYPHON À HONG-KONG

Plusieurs Milliers De Victimes

1906年10月21日星期日
第831期

《小日報》（插圖附加版）

LE PETIT JOURNAL（SUPPLÉMENT ILLUSTRÉ）

N° 831. DIMANCHE 21 OCTOBRE 1906

VAHKADER

Capture Du Brigand Vahkader, Qui Terrorisait La Région

在上海

逮捕稱霸一方的匪徒

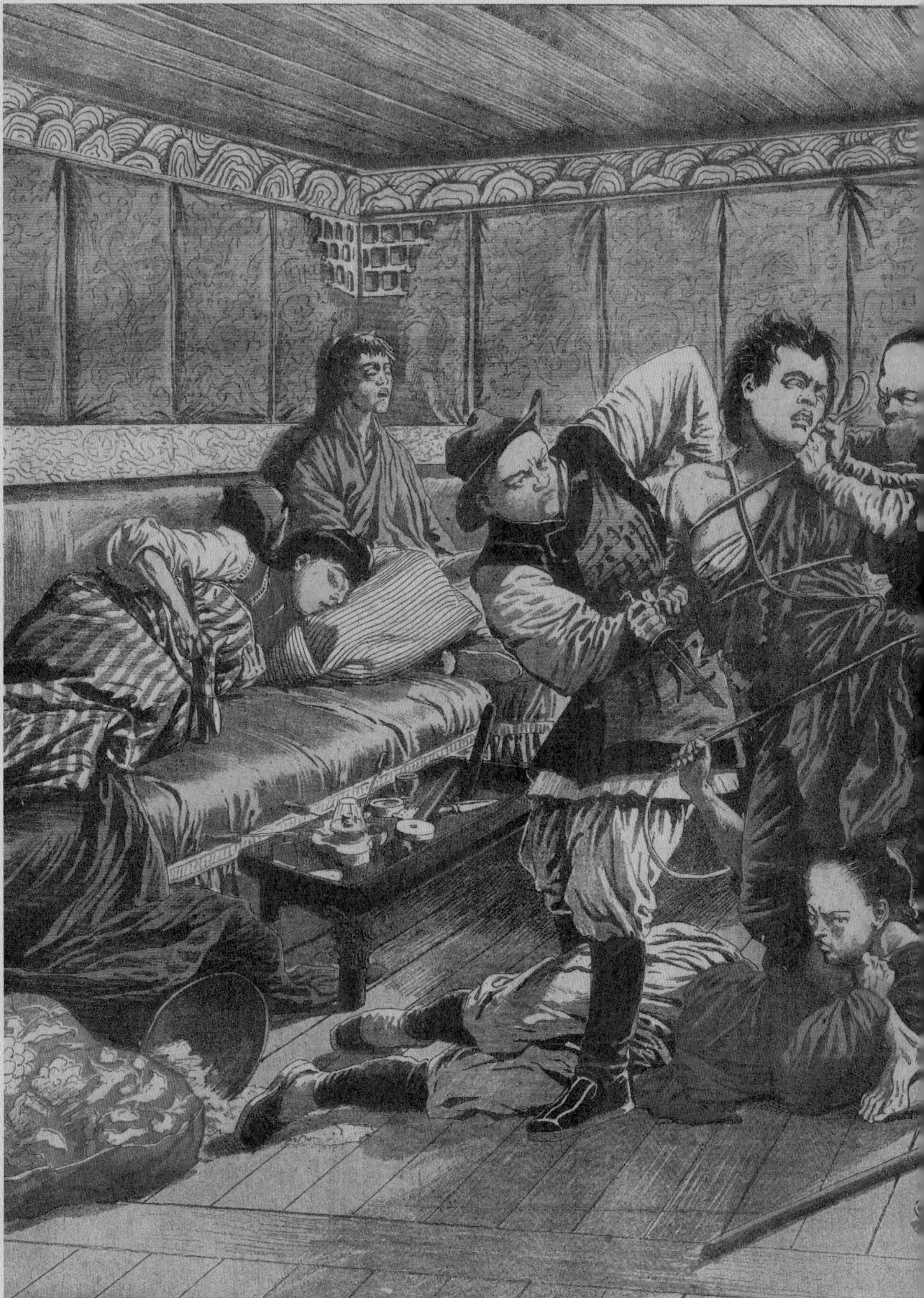

1907年3月3日星期日
第850期

《小日報》（插圖附加版）

LE PETIT JOURNAL（SUPPLÉMENT ILLUSTRÉ）

N° 850, DIMANCHE 3 MARS 1907

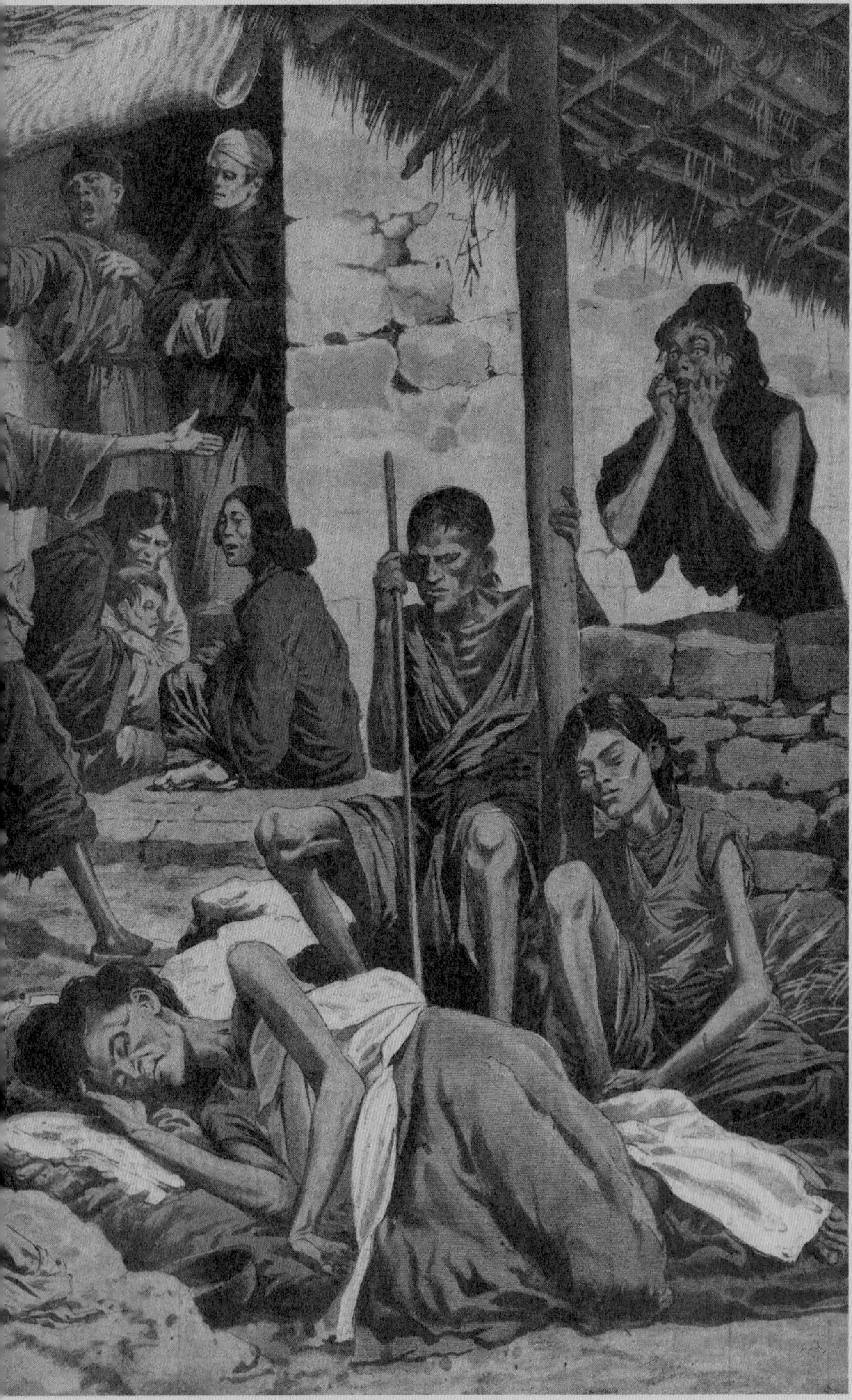

中國的饑荒

LA FAMINE EN CHINE

1907年7月14日星期日
第869期

《小日報》（插圖附加版）

LE PETIT JOURNAL（SUPPLÉMENT ILLUSTRÉ）

DIMANCHE 14 JUILLET 1907 N° 869,

L'AUTOMOBILISME EN MONGOLIE

Des Cavaliers Mongols Retirent D'un Marécage Une Voiture Embourbee

蒙古的汽車

一些蒙古騎兵在拖一輛陷入泥沼的汽車

Le Petit Journal

Le Petit Journal
CHAQUE JOUR – 6 PAGES – 5 CENTIMES
Administration : 61, rue Lafayette
Les manuscrits ne sont pas rendus

5 CENTIMES SUPPLÉMENT ILLUSTRÉ 5 CENTIMES

Le Petit Journal agricole, 5 cent. ~~ La Mode du Petit Journal, 10 cent.
Le Petit Journal illustré de la Jeunesse, 10 cent.
On s'abonne sans frais dans tous les bureaux de poste

ABONNEMENTS

	SIX MOIS	UN AN
SEINE et SEINE-ET-OISE	2 fr.	3 fr. 50
DÉPARTEMENTS	2 fr.	4 fr. »
ÉTRANGER	2 50	5 fr. »

Dix-neuvième Année DIMANCHE 12 JUILLET 1908 Numéro 921

1908年7月12日星期日
第921期

《小日報》（插圖附加版）
LE PETIT JOURNAL（SUPPLÉMENT ILLUSTRÉ）

Nº 921,
DIMANCHE 12 JUILLET 1908

年度事件

一月十六日，清廷頒布《大清報律》
六月，全國掀起立憲請願高潮
八月二十七日，清廷批准《憲法大綱》，中國第一部憲法出台
十一月十四月，光緒皇帝病逝。十五日，慈禧太后去世

戊申河口之役，也稱河口起義，主要指揮者黃明堂等人與黃興率先在欽州、廉州、上思一帶起事，孫中山又派黃明堂等人率領從鎮南關撤出的革命軍開赴雲南邊境支援。四月二十九日起義軍與清軍中的起義部隊會合，攻克河口。此後，起義軍又分兵出擊，連克新街、南溪、壩灑，逼近蠻耗、蒙自。清政府急忙調兵鎮壓，五月二十六日，清軍佔領河口。黃明堂率六百餘人撤至越南境內，不久被法國殖民政府繳械遣散。

北圻與中國的邊境上
（法國）土著步兵解除中國革命黨人士的武器

SUR LA FRONTIÈRE NORD QI ET LA CHINE
(France) autochtones d'infanterie de désarmer la "Réforme" Groupe de personnes

《小巴黎人報》（插圖文學附加版）
LE PETIT PARISIEN(SUPPLÉMENT LITTÉRAIRE ILLUSTRÉ)

N° 934,
DIMANCHE 11 OCTOBRE
1908

為了實施「吞併滿洲」的遠東政策，俄國迫使清政府簽訂密約，同意修築一條連接滿洲里和海參崴（綏芬河）、南到旅順港的中東鐵路（當時稱「東清鐵路」）。一八九八年六月，修築鐵路的首批俄國人將哈爾濱確定為中東鐵路的總埠，使哈爾濱一下子從一個小村莊變成了中國東北的交通樞紐和經濟中心。一九〇三年中東鐵路全線通車不久，鐵路管理局便在哈爾濱成立「城市公共事業管理委員會」，實行「自治」。一九〇七年十一月，俄方在商務俱樂部（原址在今兆麟公園內）開會通過了哈爾濱自治公議會章程。一九〇八年三月，通過選舉成立公議會董事會（兆麟公園當時就叫「董事會公園」），俄國人獨攬了哈爾濱市政權。直到一九二六年三月在得到張作霖同意後，東省特別區行政長官張煥相才解散了公議會和董事會，收回了市政權。

中國酷刑
在哈爾濱，一名犯人被綁住拇指吊起來並受到鐵棍鞭打

SUPPLICES CHINOIS
À Kharbin, Des Condamnés Sont Pendus Par Les Pouces Et Battus À Coups De Barres De Fer

1908年11月15日星期日
第1663期

《虔誠者報》
LE PÈLERIN

N° 1663,
DIMANCHE 15 NOVEMBRE 1908

A HONG-KONG, LES CHINOIS ATTAQUENT LES MARCHANDS JAPONAIS ET PILLENT LEURS BOUTIQUES (DESSIN DE DAMBLANS.)

在香港，中國人襲擊日本商販並搶掠其店鋪
（DAMBLANS 繪）

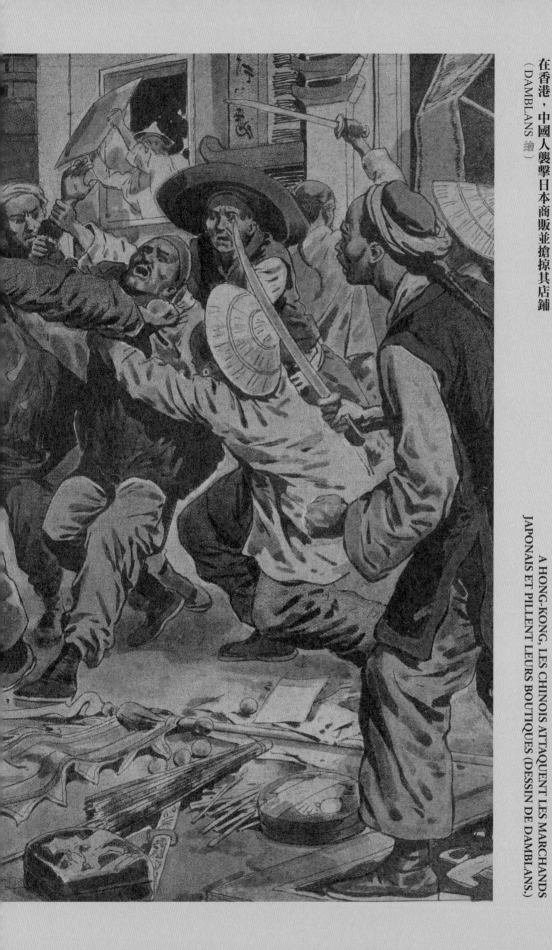

第 941 期

《小日報》（插圖附加版）
LE PETIT JOURNAL（SUPPLÉMENT ILLUSTRÉ）

Nº 941,
DIMANCHE 29 NOVEMBRE 1908

一九〇八年十一月十五日下午五時，慈禧於儀鸞殿駕崩。就在她死的前一天，光緒皇帝也在瀛台突然病逝，兩者去世前後只差一天，時間上的巧合，讓外界對光緒的死因有諸多揣測。*

＊二〇〇八年，清西陵文物管理處、中國原子能研究院反應堆工程研究設計所和北京市公安局法醫鑑定中心，先後提取光緒頭髮逐段檢測，最後證實是死於砒霜中毒，砷含量要比常人高二千多倍。

清太后和皇帝駕崩
慈禧太后和光緒帝的遺體在長壽宮

LA MORT DES SOUVERAINS CHINOIS
Les Corps De L'impératrice Tseu-Si Et De L'empereur Kouang-Siu Exposés Dans Le Pavillon De La Longévité Impériale

Le Petit Journal

ADMINISTRATION
61, RUE LAFAYETTE, 61
Les manuscrits ne sont pas rendus
On s'abonne sans frais
dans tous les bureaux de poste

5 CENT. SUPPLÉMENT ILLUSTRÉ 5 CENT.
20me Année Numéro 980
DIMANCHE 29 AOUT 1909

ABONNEMENTS

	SIX MOIS	UN AN
SEINE et SEINE-ET-OISE	2 fr.	3 fr. 50
DÉPARTEMENTS	2 fr.	4 fr. »
ÉTRANGER	2 50	5 fr. »

1909 年 8 月 29 日星期日
第 980 期

《小日報》（插圖附加版）
LE PETIT JOURNAL（SUPPLÉMENT ILLUSTRÉ）

Nº 980,
DIMANCHE 29 AOÛT 1909

年度事件

一月二日，攝政王載灃命軍機大臣、外務部尚書袁世凱開缺回籍

九月一日，清廷發佈上諭，宣佈預備立憲

九月四日，中日簽訂《間島協約》。日本在華利益擴大，引起美國不滿

九月二十一日，旅美華僑馮如製成中國第一架飛機

中國新軍　　LA NOUVELLE ARMÉE CHINOISE

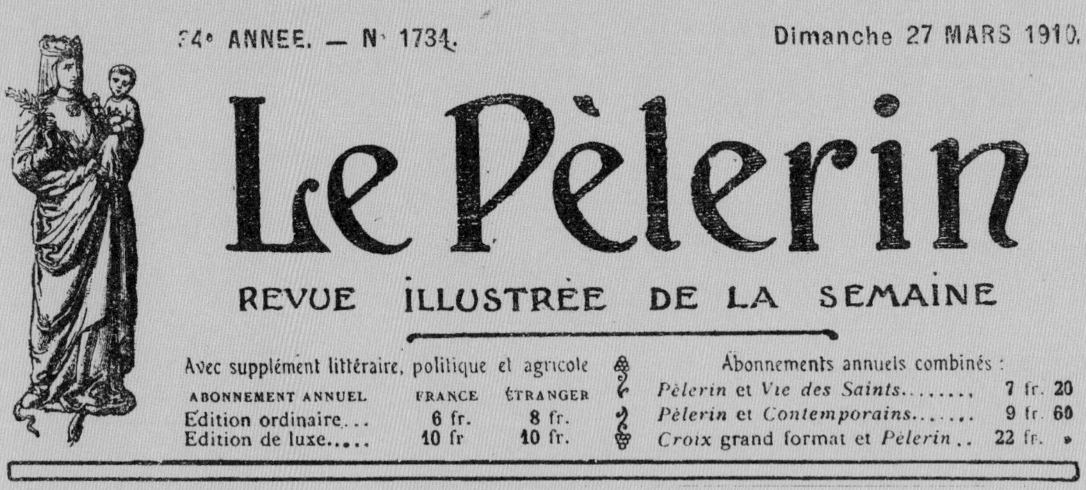

1910 年 3 月 20 日星期日
第 1009 期

《小日報》（插圖附加版）
LE PETIT JOURNAL（SUPPLÉMENT ILLUSTRÉ）

N° 1009,
DIMANCHE 20 MARS 1910

年度事件

二月，川軍逼近拉薩，十三世達賴喇嘛帶領六名官員及護衛逃離，經錫金到達英屬印度的噶倫堡。至一九一三年一月，才自大吉嶺回到拉薩，結束流亡生涯。

四月，汪精衛因刺殺載灃被捕

五月十五日，清政府公佈《大清現行刑律》

六月，孫洪伊發起了第二次國會請願高潮

十一月四日，清政府將原訂宣統八年立憲期限，縮改為宣統五年，並開設議院

十一月九日，鼠疫通過中東鐵路經滿洲里傳入哈爾濱，隨後一場持續六個月的大瘟疫席捲東北。這場波及半個中國的瘟疫，奪去了六萬多人的生命

達賴喇嘛抵達英屬印度

L'ARRIVÉE DU DALAI-LAMA AUX INDES ANGLAISES

Le Petit Journal

ADMINISTRATION
61, RUE LAFAYETTE, 61
Les manuscrits ne sont pas rendus
On s'abonne sans frais
dans tous les bureaux de poste

5 CENT. SUPPLÉMENT ILLUSTRÉ 5 CENT.
22me Année Numéro 1.055
DIMANCHE 5 FÉVRIER 1911

ABONNEMENTS

	SIX MOIS	UN AN
SEINE et SEINE-ET-OISE	2 fr.	3 fr. 50
DÉPARTEMENTS	2 fr.	4 fr. »
ÉTRANGER	2 50	5 fr. »

1911年2月5日星期日
第1055期

《小日報》（插圖附加版）
LE PETIT JOURNAL（SUPPLÉMENT ILLUSTRÉ）

Nº 1055,
DIMANCHE 5 FÉVRIER 1911

年度事件

一月三十一日，哈爾濱一帶疫病死亡人數已達二千六百多人，長春、雙城、呼蘭、綏化等地人數也達一千以上

四月二十七日，廣州起義爆發，七十二名烈士葬於黃花崗

五月八日，清政府成立責任內閣，被譏為「皇族內閣」

五月九日，清廷宣佈鐵路幹線收歸國有，激起全國反對浪潮

五月十四月，長沙萬人集會激起保路運動

六月一日，四川省保路同志會成立

九月七日，趙爾豐與保路人員衝突，各路同志軍猛撲成都，二十五日榮縣獨立

十月十日，武昌打響第一槍，辛亥革命爆發

十一月一日，清政府宣佈解散皇族內閣，任命袁世凱為總理內閣大臣

十二月七日，清政府任命袁世凱為全權大臣，赴南方討論大局

十二月二十九日，清政府宣佈解散皇族內閣，孫中山被推舉為臨時大總統

現代化的中國
在上海，一些中國人當眾剪掉長辮

LA CHINE SE MODERNISE
A Shanghaï, des chinois font en public le sacrifice de leur natte.

第 1056 期　　　　LE PETIT JOURNAL（SUPPLÉMENT ILLUSTRÉ）　　DIMANCHE 12 FÉVRIER 1911

一九一〇年十月至一九一一年四月，中國東北發生嚴重鼠疫。疫情出現於一九一〇年的俄國境內，最初感染者是在滿洲里一帶草原獵捕旱獺的關內移民，但因為俄國的人煙稀少和控管較嚴，故未擴大。但俄方為了防疫，將有嫌疑的中國人驅逐出境，導致疫情轉至東北。

滿洲鼠疫
逃避災禍的老百姓在長城邊被中國軍隊攔下

LA PESTE EN MANDCHOURIE
Les Populations, Fuyant Devant Le Fléau, Sont Arrêtées Par Les Troupes Chinoises Aux Abords De La Grande Muraille

第 1057 期

《小日報》（插圖附加版）
LE PETIT JOURNAL（SUPPLÉMENT ILLUSTRÉ）

N°1057,
DIMANCHE 19 FÉVRIER 1911

這場瘟疫成為二十世紀最嚴重的一次流行性鼠疫，共造成超過六萬人死亡的災難。

滿洲大瘟疫

LA PESTE EN MANDCHOURIE

1911 年 10 月 22 日星期日　　　　　《小日報》（插圖附加版）　　　　　　　Nº 1092,
第 1092 期　　　　　　　　　　LE PETIT JOURNAL（SUPPLÉMENT ILLUSTRÉ）　　DIMANCHE 22 OCTOBRE 1911

兵站的娛樂
流浪到兵站紮營的中國雜技團為那裡的軍官和守衛表演節目取樂

LES PLAISIRS DU « DEPOT »
Des Acrobates Chinois, Trouvés Errants Et Hospitalisés Au Dépôt, Y Donnent Une Représentation Pour L'agrément Des Agents Et Des Gardiens

《小日報》（插圖附加版）
LE PETIT JOURNAL（SUPPLÉMENT ILLUSTRÉ）

N°1065,
DIMANCHE 16 AVRIL 1911

一八八三年十二月二十五日，馮如生於廣東恩平，十幾歲到美國做工。受萊特兄弟的飛機飛行的影響，在一九○七年，馮如與幾位華僑共同努力，經過十多次修改，在奧克蘭出租的廠房中成功研制出一架飛機。一九○九年九月二十一日，在美國奧克蘭市附近的派得蒙特山丘上，馮如駕駛自己設計製造的飛機，試飛成功。一九一○年，又研制出一架雙翼機，並於當年十月至十二月間成功地在奧克蘭進行了表演。

一九一一年二月，馮如帶著助手及兩架自己研發的飛機回到國內。一九一二年八月二十五日，馮如在廣州燕塘駕駛自己研發的飛機飛行。由於操縱系統失靈，飛至百餘米時失速下墜，馮如遇難。他也成為了中國第一位駕機失事的飛行員，中國最早的飛行員和飛機設計師。

中國的第一架飛機　　LE PREMIER AÉROPLANE EN CHINE

新版第 118 期

《小巴黎人報》（插圖文學附加版）
LE PETIT PARISIEN(SUPPLÉMENT LITTÉRAIRE ILLUSTRÉ)

NOUVELLE ÉDITION-Nº 118,
DIMANCHE 29 OCTOBRE
1911

宣統三年夏，潛伏在新軍裡的革命黨組織，為了響應四川的保路運動，打算在秋天時在武昌起事。日期本來定在八月十五日，但因湖廣總督瑞澂防範嚴密，宣布武漢三鎮（武昌、漢陽、漢口）士兵一律停止休假外出，因此延後到十月九日。但是，九日當天，預謀舉事的共進會領袖，在漢口俄租界租來的民宅裡，不慎引爆炸藥，租界巡捕在滅火時搜得革命黨的名冊與起義文告，於是計謀敗露，總督衙門得到名冊，大肆搜捕黨人，主謀的三人在十日被斬首示眾。

中國革命
在漢口處決燒殺搶掠的革命黨人

LA RÉVOLUTION CHINOISE
Exécution À Han-Keou De Révolutionnaires Pillards Et Incendiaires

第 1093 期

《小日報》（插圖附加版）
LE PETIT JOURNAL（SUPPLÉMENT ILLUSTRÉ）

Nº 1093,
DIMANCHE 29 OCTOBRE 1911

這幅版畫中，左側站著穿戴八旗鎧甲的清軍將領，身後持大清黃龍旗的兵丁，服裝甚至與義和團拳民非常接近；畫面的右側是一群已經剪去長辮的新軍軍官，為首的一人似乎手持一紙電令，在宣告著中華民國的成立。

關於中國的革命運動
中國軍隊的演變

À PROPOS DU MOUVEMENT INSURRECTIONNEL EN CHINE
L'évolution De L'armée Chinoise

附錄：一九一一年後的《小日報》

商討歐洲服飾在清流通的法律問題
變成試衣間的議會——法國《Le Petit Journal》1912 年 9 月 15 日

中國海盜襲擊法國貨船——法國《Le Petit Journal》1913 年 7 月 22 日

法國飛行員貝勒迪爾駕機飛抵上海——法國《Le Petit Journal》1924 年 7 月 8 日

法國海軍登陸上海——法國《Le Petit Journal》1924年9月24日

遺失在西方的中國史：

法國《小日報》記錄的晚清一八九一——一九九一

編譯　李紅利、趙麗莎
導讀　廖彥博
總編輯　龐君豪
責任編輯　歐陽瑩
封面設計　曾美華
排版　曾美華
發行人　曾大福
出版　暖暖書屋文化事業股份有限公司
地址　231新北市新店區德正街27巷28號
電話　02-29106069
傳真　02-29129001
總經銷　聯合發行股份有限公司
地址　231新北市新店區寶橋路235巷6弄6號2樓
電話　02-29178022
傳真　02-29158614
印刷　成陽印刷股份有限公司
出版日期　2016年6月（初版一刷）
定價　650元

國家圖書館出版品預行編目 (CIP) 資料

遺失在西方的中國史：法國《小日報》記錄的晚清 . 1891-1911 / 李紅利 , 趙麗莎編譯 . -- 初版 . -- 新北市：暖暖書屋文化 , 2016.06

292 面；26×19 公分

ISBN 978-986-92424-8-6(平裝)

1. 晚清史 2. 石版畫 3. 史料

627.6　　105006565